D1747432

Berchtesgaden in alten Ansichten
Band I · Druckgraphik des 19. Jahrhunderts

IMPRESSUM:

Herausgeber:
Verlag A. Plenk KG, Berchtesgaden

Autoren:
Christoph **Karbacher**, Einleitung Seite 5, 8, 9, 10, Personen und Architektur Seite 100.
Alfred **Spiegel-Schmidt**, Bildbeschreibung Seite 5 und Seite 12-99, Künstlerverzeichnis Seite 101-107, Drucktechniken Seite 108, 109, Abkürzungen und Literaturverzeichnis Seite 110, Bildnachweis Seite 111.
Friedrich **Schelle**, Gesamtgestaltung und Einband (Marmortauchpapier)
alle Berchtesgaden

Lithos:
Jandrisevits, Wies bei Salzburg

Druck:
Druckerei und Verlag A. Plenk KG, Berchtesgaden

Buchbinderei:
Hörmann, Inh. Hauenstein, Rosenheim

ISBN 3-922590-28-4

KARBACHER · SCHELLE · SPIEGEL-SCHMIDT

Berchtesgaden

in alten Ansichten

Band I
Druckgraphik des 19. Jahrhunderts

Kaum eine deutsche Landschaft ist seit Beginn des vorigen Jahrhunderts so oft gezeichnet, »gestochen« und gemalt worden wie unser Berchtesgadener Land.

Dieses Buch versucht, das große Gebiet der Druckgraphik zusammenzufassen und zu erläutern. Der Überblick umfaßt in etwa die erste Hälfte des 19. Jahrhunderts. In diesen fünf Jahrzehnten wurde unsere Landschaft künstlerisch entdeckt. Die dabei angewandten Drucktechniken waren der Kupferstich, die Radierung, die Lithographie und der Stahlstich. Die unübersehbare Holzstichproduktion der zweiten Jahrhunderthälfte wurde nicht mehr berücksichtigt. Unsere Zusammenfassung erhebt keinen Anspruch auf Vollständigkeit, sie bietet aber sicher eine repräsentative Auswahl.

Der Liebhaber unserer Landschaft, ob Einheimischer oder Gast, wird vielleicht manche Entdeckung machen können, dem Graphiksammler kann es ein Leitfaden sein.

Diese Stiche des 19. Jahrhunderts haben unser Land bekannt gemacht und dazu beigetragen, unsere heutige Lebensgrundlage, den Fremdenverkehr zu schaffen. Sie zeigen uns zugleich, wie erhaltenswert uns diese Landschaft sein muß.

Seite 6 und 7
Kupferstiche von Güntherr nach Wallée bei Hacker, um 1815, aus: Kleine malerische Erinnerungen an Berchtesgaden, Originalgröße, teilweise mit Randanmerkungen eines Reisenden.

Berchtesgaden.

Königs=See.1.

Königs=See.2.

Ober=See.

Kessel=Bach.

Eiskapelle.

Wach=Thurm.

Schellenberg.

Reiseberichte und Prospekte

Als sich gegen Ende des 18. Jahrhunderts in ganz Europa eine wachsende Reiselust bemerkbar machte, erfaßte diese bald auch unser Ländchen. Zwar konnte die Fürstpropstei damals eine bereits siebenhundertjährige Geschichte vorweisen, aber diese Entwicklung hatte sich doch mehr oder weniger in der stillen Abgeschiedenheit unseres Gebirgstales, am Rande des großen Weltgeschehens abgespielt. Besucher und Reisende waren – außer in amtlicher Mission – nur selten nach Berchtesgaden gekommen. Doch diese Tatsache sollte sich nun entscheidend ändern. In rascher Folge erschienen Reisebeschreibungen und begeisterte Berichte über diese »anziehende Gegend mit ihren eigenthümlichen Schönheiten«, über dieses »romantisch stille und friedliche Tal«.

Ganz so friedlich war dieses Tal in den Jahren vor und nach der Säkularisation nun nicht. Die einschneidenden politischen Veränderungen und kriegerischen Ereignisse hatten sicher auch ihren Teil dazu beigetragen, daß man in Wien und München auf unser Land aufmerksam wurde.

Die Reiseberichte und »Taschenbücher für den Wanderer« waren oftmals mit kleinen Kupferstichen ausgestattet, um den neugierigen Leser zum Text auch die bildliche Vorstellung dieser Gebirgswelt zu liefern. Daneben erschienen frühzeitig topographische Sammelwerke, in denen man »die schönsten Gegenden der Alpen in mahlerischen Ansichten« bewundern konnte. Für diese Ansichten wandte man neben dem Kupferstich auch die Radierung (oft die Aquatinta) an.

Die Sammelwerke waren umfangreich und zeigten gefällige, routinierte Veduten, in denen eine genaue Wiedergabe der gesehenen Landschaft angestrebt wurde. Von romantischer Stimmung war noch nichts zu spüren. Meist waren Zeichner und Stecher zwei verschiedene Personen, doch zeichnete man die Landschaften »ad vivum«, also an Ort und Stelle. Im Gegensatz dazu waren die Landschaften des 18. Jahrhunderts noch im Atelier komponiert worden.

In den Reisebüchlein und topographischen Werken zeigten sich so die ersten »Prospecte« unserer Landschaft, sie weckten die Neugierde auf die Schönheiten dieses Alpenparadieses. Ein breites Publikum wurde dadurch angesprochen, viele Reisende fanden den Weg vorbei am Hangenden Stein, über den Hallthurm oder über den Hirschbühel. Weitere Künstler waren unter diesen Wanderern, aufmerksam und neugierig geworden durch die gesehenen Abbildungen.

Die Entdeckung durch die Künstler

Zu Beginn des 19. Jahrhunderts begannen die deutschen Künstler, die eigene Heimat zu entdecken. Dabei wurde man schon sehr früh auf die ursprüngliche Schönheit unserer Bergwelt aufmerksam, und noch unter der Regentschaft des letzten Fürstpropstes entstanden die ersten Berchtesgadener Ansichten. Propst Josef Conrad von Schroffenberg war ein weltoffener, dem fremden Besucher gegenüber aufgeschlossener Landesherr. In den Reiseberichten wird seine herzliche Gastfreundschaft gerühmt, und sicher hat er den ankommenden Künstlern wohlwollendes Interesse entgegengebracht.

Bereits 1787 veröffentlichte der Radierer und Kupferstecher Franz Zoller eine Radierung des »Wazmann in Berchtesgaden«. Die Zeichnung dazu hatte ihm der ortsansässige hochfürstliche Bauverwalter Caspar Christophorus Datz, ein Autodidakt, angefertigt. 1799 kündigte Louis Wallée im Salzburger Intelligenzblatt seine Kupferstichserie an: »Die ersten Ansichten, da bisher noch niemand versucht hat, Berchtesgadens reizvolle Gegenden nach der Natur zu zeichnen«. Wallée fertigt auch die Stichvorlagen für den Salzburger Franz Güntherr, dessen Umrißradierungen im Jahre 1818 erscheinen. Schon vor 1810 kommen die Aquatintas von Gros und Stiebeler nach Rösels Zeichnungen heraus. 1807 veröffentlicht Johann Jacob Strüdt seine Berchtesgadener Ansichten, und etwa gleichzeitig entsteht die umfangreiche Aquatintareihe Wilhelm Friedrich Schlotterbecks.

Alle diese Blätter fanden begeistert Aufnahme, vor allem bei den Künstlern weckten sie Interesse, und unsere Landschaft bekam eine beinahe magnetische Wirkung. Dieses Paradies wurde nun das Ziel vieler Zeichner und Maler. Selten waren sie allein auf der Reise, meist bildete sich ein Freundeskreis. In ihm konnten sich die Künstler gegenseitig anregen und die aufkommende romantische Begeisterung für die Landschaft miteinander teilen. Die eigentliche künstlerische Entdeckung Berchtesgadens bildet dafür geradezu ein Musterbeispiel:

Ferdinand Olivier

Im August 1815 kommt Ferdinand Olivier zusammen mit seinem Malerfreund Philipp Veit aus Wien nach Salzburg. Von dort aus unternimmt er einen Ausflug nach Berchtesgaden und an den Königssee. Olivier ist von der Schönheit dieser Gegend begeistert und beschließt wiederzukommen.

In Wien war Ferdinand Olivier die zentrale Figur des protestantischen Kreises. Er stand dort unter dem Einfluß des Philosophen Friedrich Schlegel, er pflegte eine enge Freundschaft mit den Künstlern des antikademischen Lukasbundes, und ihn verband eine tiefe Zuneigung mit dem Vater der heroischen Landschaftsmalerei, Joseph Anton Koch.

Schon 1817 kommt Olivier wieder nach Salzburg und Berchtesgaden. Mit dabei sind sein jüngerer Bruder Friedrich, der Karlsruher Maler und Stecher Carl Ludwig Frommel und der Maler Julius Schnorr von Carolsfeld. Dem tief religiösen Ferdinand Olivier wird die Landschaft Berchtesgadens nun zum entscheidenden künstlerischen Erlebnis. Ihm geht es keinesfalls mehr um die bloße Wiedergabe, er sieht und zeichnet unsere »erhabene Gebirgswelt« in romantischer Verklärung, er erkennt das »Göttliche im Grashalm«, in den Blumen, in den Bergen, und unser Watzmann wird ihm zum christlichen Symbol.

Nun entstehen seine Zeichnungen zu einem druckgraphischen Hauptwerk der deutschen Romantik: »Sieben Gegenden aus Salzburg und Berchtesgaden nach den sieben Tagen der Woche«. Lange überarbeitet er diese Blätter. Erst 1823 veröffentlicht Olivier die Tonlithographien. Das Sonntagsblatt (S. 18) schildert den Taufgang vor der Franziskanerkirche, das Donnerstagsblatt (S. 19) zeigt die Gesamtansicht Berchtesgadens mit dem Watzmann.

Auf dem Sonntagsblatt sieht man den Eingang der Franziskanerkirche, das daneben stehende Meßnerhaus, den Berghofbichel und den im Hintergrund liegenden Watzmann. Olivier wählt einen bis dahin unbekannten Standort, doch zeigt er Landschaft und Architektur durchaus sachlich-realistisch. Den religiös-romantischen Stimmungsgehalt erreicht er in erster Linie durch seine allegorischen Figuren. Sie versinnbildlichen die verschiedenen Lebensalter. Vom Säugling auf dem Arm der Mutter bis zur alten Frau und den Greis verdeutlicht Olivier den Lebenslauf unter der Obhut der Kirche Christi. Teilweise scheinen die Personen direkt dem Mittelalter entnommen. Durch den präzisen Strich erreicht der Künstler trotz der Fülle eine überzeugende Ordnung.

»Der Donnerstag« ist wohl das bekannteste Blatt dieser Folge. Auch hier wird die Landschaft »treu und wahr« wiedergegeben, doch sie zeigt sich als göttliche Schöpfung. Die realistisch geschilderten Kirchenbauten bilden die ideale Kulisse für die Figurenszene im Vordergrund: Die scheinbar alltägliche Handlung ist nur als christliches Sinnbild zu deuten. Eine heilige Familie wird hier geschildert. Im umzäunten Garten wird ein junger Baum mit starken Wurzeln gepflanzt. Er ist Symbol für die neue, religiöse Kunst der Nazarener. Auch in diesem Blatt überzeugt die Formenklarheit. Der räumliche Aufbau wird durch keinerlei Tonwerte unterstützt, jede plastische Form, jede Fläche wird durch »gestochen« scharfe Parallelschraffuren herausgearbeitet.

Johann Adam Klein und seine Freunde

Oliviers Zeichnungen werden nach seiner Rückkehr im Wiener Freundeskreis rasch bekannt und ermutigen dadurch weitere Künstler zu einer Reise nach Berchtesgaden. Schon ein Jahr später, 1818, erscheint eine zweite Gruppe am Fuße des Watzmanns.

Unter der Führung von Friedrich Philipp Reinhold kommen dessen Bruder Heinrich Reinhold, Johann Adam Klein, Johann Christoph Erhard und Ernst Welker nach Salzburg und Berchtesgaden. Johann Adam Klein hat uns von diesem Besuch die köstliche Radierung »Meinen Reisegefährten gewidmet« hinterlassen (S. 17): Mitten auf der Hofbräuwiese plaziert er seine vier Malerfreunde. Ein idealer Standort, so kann er jeden einzelnen in Positur stellen und noch die beiden Berchtesgadener Symbole, den Watzmann und die Stiftskirche, ins Bild bringen. Links im Vordergrund stützt sich Friedrich Philipp Reinhold auf seinen Stock, unter dem Schirm steht sein Bruder Heinrich, Johann Christoph Erhard sitzt zeichnend im Hintergrund. Rechts außen erklärt gerade Ernst Welker seinen Freunden die weiteren Pläne. Zwar hatten die fünf Malerfreunde bei ihrem damaligen Aufenthalt im Leithaus (heute Hotel Post) Quartier genommen, aber trotzdem mußten sie noch genügend Utensilien zum Zeichnen und Malen vor der Natur mit sich schleppen.

Klein zeigt uns alles in liebevoller Genauigkeit: Rucksack, Umhängetasche, Klappstuhl, der zerlegbare Sonnenschirm, Zeichenmappe, Feldflasche, Wanderstock . . . . Johann Adam Klein zeichnete das Gruppenbild zum Abschluß dieser Reise und widmete die im folgenden Jahr entstandene Radierung seinen Reisegefährten. Er selbst hatte sich nach dem Berchtesgadener Aufenthalt von seinen Freunden getrennt und war nach München gegangen. Ein Jahr später traf er Heinrich Reinhold und Johann Christoph Erhard wieder in Rom im Kreise der deutschen Künstlerkolonie.

Auch Gustav Reinhold, ein weiterer Bruder, kam später nach Berchtesgaden. Er beließ es nicht bei einer Studienreise. Ab 1835 wurde er in Berchtesgaden seßhaft, und er starb 1849 in Königssee.

Ludwig Richter

Die Schönheiten unserer Landschaft waren über die Skizzenbücher und Druckgraphiken in ganz Deutschland bekannt geworden. So hatte Ludwig Richter bereits in Dresden die Radierungen Johann Christoph Erhards gesehen, und auf seiner Reise nach Italien im Jahre 1823 kam er sicher nicht zufällig in unsere Gegend. Hier in Berchtesgaden entstanden die Vorzeichnungen zu seinem berühmten Watzmann-Gemälde, das er erst 1824 im römischen Atelier malte. Berühmt wurden auch seine sechs kleinformatigen Radierungen »Malerische Ansichten aus den Umgebungen von Salzburg und Berchtesgaden«. In dieser Folge ist das Blatt »Königssee gegen den Untersberg« (S. 76) von ganz besonderem Reiz. In souveräner künstlerischer Freiheit komponiert Richter den Rauhen Kopf und den Untersberg. Dabei erfaßt er doch beide Berge charakteristisch. Überzeugend echt stürzt das steile Felsenufer in den See. Das Segelschiff und der bellende Hund sind frei erfundene Staffage. Doch für die Deutung der Darstellung der Familie auf dem beladenen Kahn muß man sich Zeit nehmen, diese Genre-Szene ist mehrfach interpretierbar. Ist das noch Teil einer romantisch-religiösen Landschaft oder kündigt sich hier bereits der biedermeierliche Richter an? In jedem Fall ist dieses Blatt von einer besonderen Schönheit. Schon Goethe soll davon begeistert gewesen sein.

Berchtesgaden wird populär

Die künstlerische Entdeckung unseres Landes hatte nun stattgefunden, die Faszination dieser Landschaft erfaßte immer weitere Kreise. Mittlerweile war in München König Ludwig I. im Begriff, seine Hauptstadt zu einem Zentrum der europäischen Kunst zu erheben. Von dort aus ziehen jetzt die Zeichner und Maler hinaus in das bayerische Voralpenland und in die bayerischen Berge. Die Landschaftsmalerei hatte sich endgültig die volle Anerkennung verschafft. Davon profitierte natürlich auch die Druckgraphik in hohem Maße.

Seit 1820 hatte sich die Lithographie gegen die bisher angewandten Drucktechniken durchgesetzt, und ab 1830 wurde der neu entwickelte Stahlstich immer dominierender. Mit ihm sind nun enorme Auflagenhöhen möglich. In Büchern, Magazinen, Kalendern und umfangreichen Bildwerken, z.B. Meyer's Universum, werden die »schönsten Gegenden der Erde« einem breiten Publikum bekannt. Berchtesgaden, der Watzmann und der Königssee sind bald ausgesprochen populär.

Nicht immer kann die Qualität der frühen Ansichten gehalten werden, teilweise schleicht sich die Routine der Massenproduktion ein. Doch nach wie vor entstehen noch herrliche, großformatige Lithographien, z.B. die Berchtesgadener Ansichten von Würthle/Sandmann (S. 42) oder von Leopold Rottmann, dem Zeichenlehrer Ludwigs II. (S. 31). Auch für den Stahlstich arbeiten anerkannte Künstler, der großherzoglich badische Galeriedirektor Carl L. Frommel (S. 33) oder der österreichische Zeichner Jacob Alt (S. 25).

Gerade der neuen Technik des Stahlstichs ist es zu verdanken, daß Berchtesgaden bis weit über die bayerischen Grenzen hinaus bekannt wurde. Der Strom der Besucher reißt fortan nicht mehr ab. Die Entwicklung zur Sommerfrische und zum Urlaubsland ist eingeleitet.

Berchtesgaden

Wo der Wazmann und Göhl die wolken tragen-
den Scheitel

Ueber den Untersberg stolz heben zum Aether
empor,

Und die Albe der Schlucht am hangenden Steine
entströmend

Durch die Fluren Tuvals gegen Juvavia eilt,

Sie dort, Wanderer! zieh'n die mahlerischen Ge-
filde

Beringgadens sich hin einem Zauberland gleich …

Franz Anton Braune, Aus Salzburg und Berchtesgaden, Wien 1821

Seite 12
Joseph Conrad von Schroffenberg, letzter Fürstpropst von Berchtesgaden (1780 – 1803).
Kupferstich um 1785 von Weissenhahn nach Kusterer, Originalgröße.

Seite 13
Paß am Hangenden Stein, Grenzübergang bei Schellenberg, Aquatinta von Schlotterbeck, um 1805 und 1808, ca. 22 x 31 cm, siehe auch Seite 63, 77, 88.

W. F. Schlotterbeck del. et sc.

Seite 14
Schellenberger Turm mit dem 1841 abgebrochenen Torhaus. Aquatinta nach Rösel, um 1806, Originalgröße, aus: Francois-Gabriel de Bray, Voyage Pittoresque . . . , siehe auch Seite 94.

Seite 15
Schellenberg mit dem Hohen Göll, Stahlstich von Höfel
nach Pezolt, etwa Originalgröße.

Seite 16
Bauer mit Kuh und Kalb am Untersberg von Berchtesgaden kommend. Radierung von Erhard, 1818, Originalgröße.

Seite 17
von links nach rechts: Friedrich Philipp Reinhold, Heinrich Reinhold, Erhard, Ernst Welker. Radierung von Klein, 1819, 24,5 x 30,5 cm.

Seite 18
Franziskanerkirche in Berchtesgaden mit dem alten Meßnerhaus, das 1852 abgebrochen wurde. Tonlithographie von Ferdinand Olivier, 1823, Originalgröße, siehe auch Seite 19.

Seite 19
Tonlithographie von Ferdinand Olivier, 1823, Originalgröße, aus: Sieben Gegenden aus Salzburg und Berchtesgaden, geordnet nach den 7 Tagen der Woche. Siehe auch Seite 18.

gezeichnet auf einer malerischen Reise von Salzburg nach Berchtesgaden im August 1818.   J. A. Klein fec. München 1819.

Meinen Reisegefährten gewidmet.

Sonntag.

Kircheneingang in Berchtesgaden.

Donnerstag.

Berchtesgaden und der Watzmann.

Der Wazmann in Berchtesgaden.

Seite 20

Kupferstich von Zoller nach Datz, Originalgröße, aus: Freyherr Karl Erenbert von Moll, Oberdeutsche Beyträge zur Naturlehre und Oekonomie für das Jahr 1787.

Seite 21

Lithographie von Wolf nach Kunike, um 1830, 25,5 x 34,5 cm, aus: Adolph Kunike, Malerische Ansichten von Österreich, Steyermark, Kärnten, Krain, Salzburg und Tyrol. Siehe auch Seite 80 und 81.

Kunike pinx. Lith: von Wolf

SALZBURG.

Die Stadt Berchtesgaden mit dem Watzmann

Seite 22

Berchtesgaden um 1818. Stahlstich von Alexander Marx nach Klein, Originalgröße, aus: Meyer's Universum, 1839 und anderen Publikationen des Bibliographischen Instituts in Hildburghausen.

Berchtesgaden.

Seite 23
Holzschnitt (!) von Kromsigt, um 1840, Originalgröße.

Schlossplatz

Seite 24
Schloßplatz Berchtesgaden mit der Stiftskirche, wie sie sich bis zum Abbruch des nördlichen Turms im Jahre 1845 darbot. Die heutige neuromanische Fassade wurde erst 1864 – 1866 erbaut. Randansicht aus dem Gesamtprospekt von Sandmann. Lithographie, Originalgröße.

Seite 25
Blick in die Nordwestecke des Kreuzganges. Stahlstich von Winkles nach Alt, Originalgröße, aus: Eduard Duller, Die malerischen und romantischen Donauländer, 1838 – 1840.

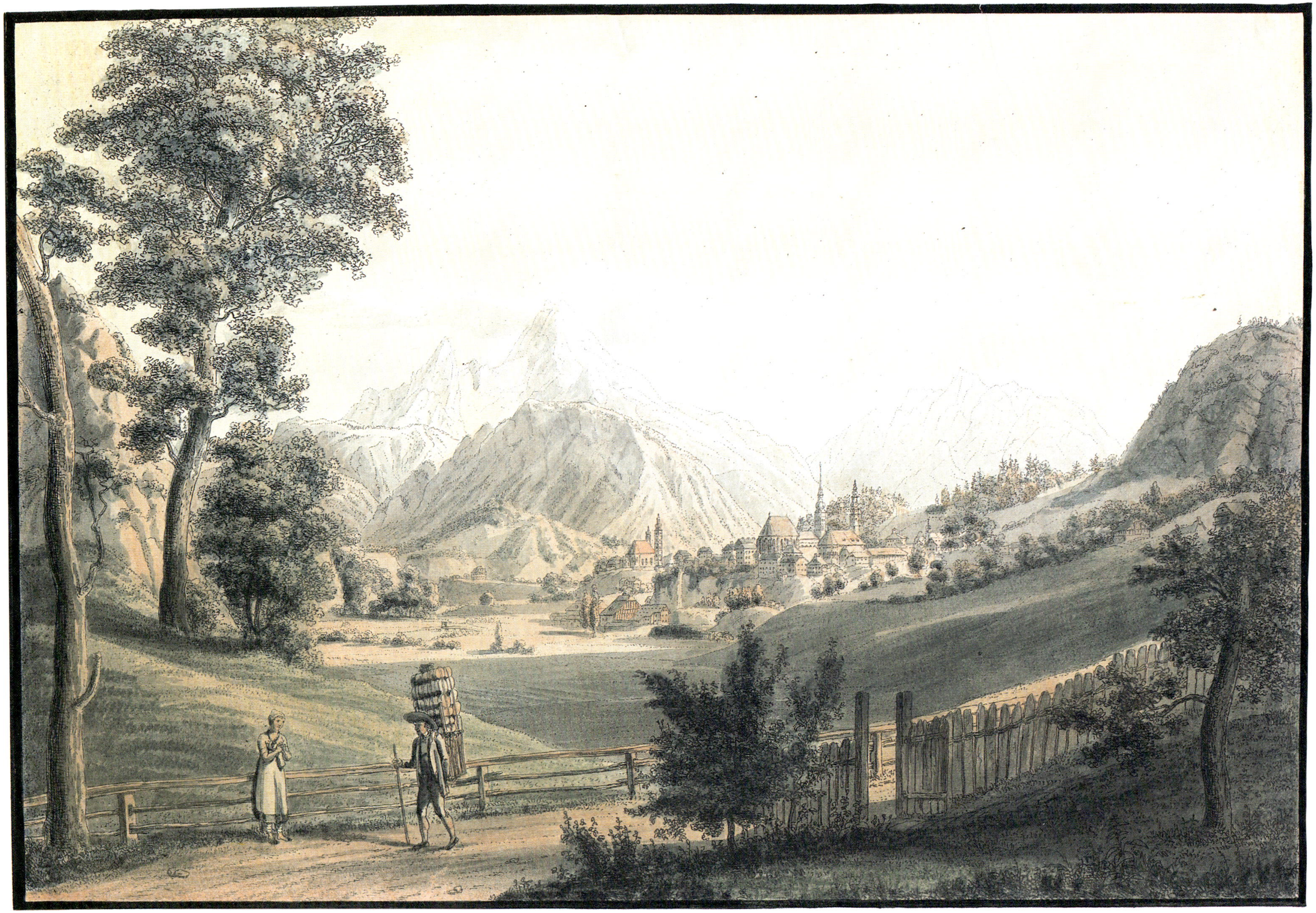

Berchtesgaden von der Nord-Seite.   Berchtesgaden vers le Nord.

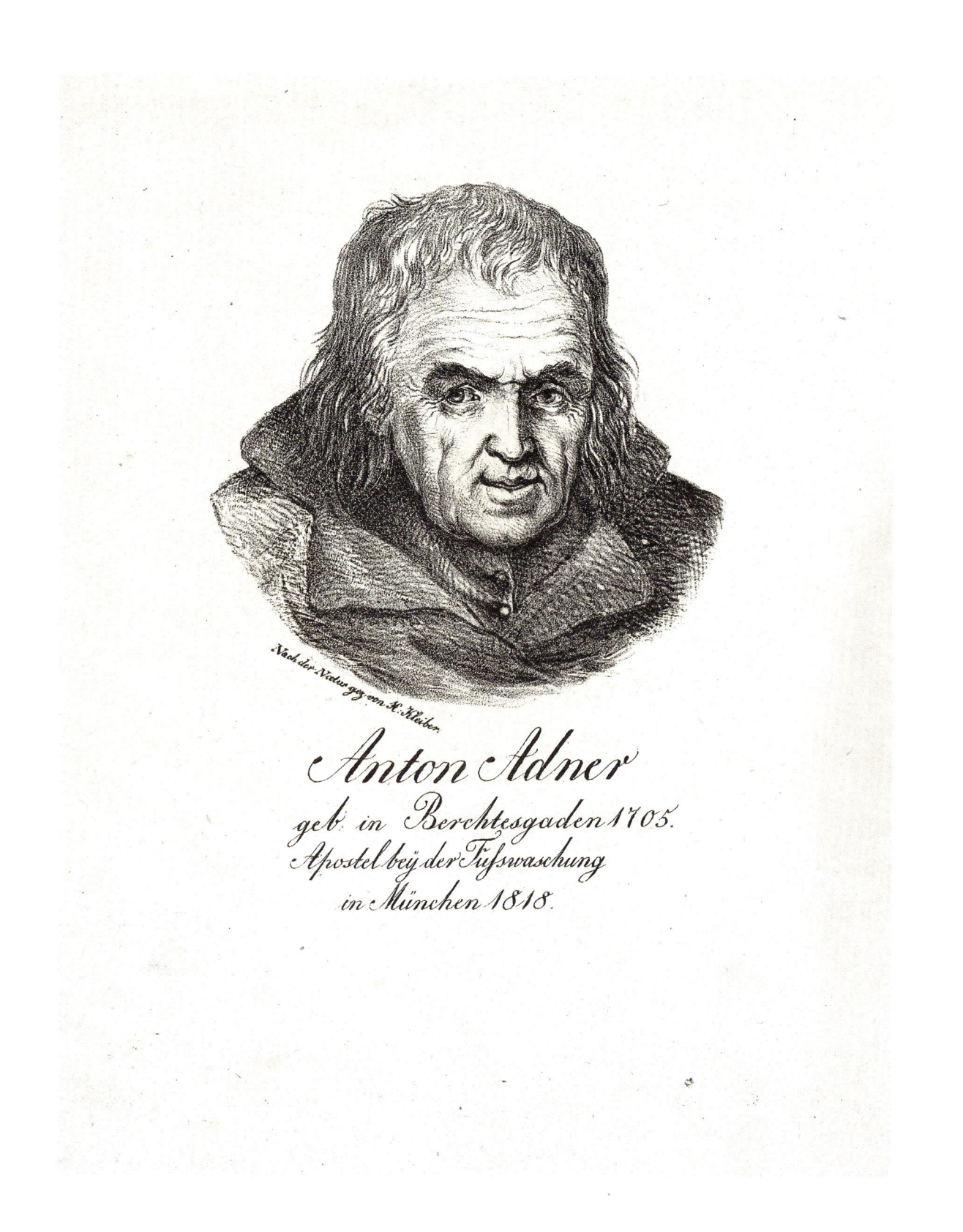

Anton Adner
geb. in Berchtesgaden 1705.
Apostel bey der Fußwaschung
in München 1818.

Seite 26

Kolorierte Umrißradierung von Rahl nach Viehbeck, Originalgröße, aus: Carl Viehbeck, Ansichten mahlerischer Gegenden in Oberösterreich, Salzburg und Tyrol, 1821. Siehe auch Seite 99.

Seite 27

Dieselbe Umrißradierung, jedoch unkoloriert und mit genauer topographischer Beschriftung. Die Umrißradierung verzichtet weitgehend auf die Binnenzeichnung, da das Blatt grundsätzlich koloriert werden soll.

Seite 28

Inkunabel der Lithographie von Kleiber, 1818, Porträt des bereits 113-jährigen (!) Anton Adner, der 1822 im Alter von 117 Jahren verstarb. Originalgröße.

Seite 29

Kupferstich von Güntherr nach Wallée, Originalgröße aus: Graf von Spaur, Spaziergänge in den Umgebungen Salzburgs, 1813 und 1815.

BERCHTESGADEN
von Norden.

Seite 30

Lithographie von Beda Weinmann, um 1845, Originalgröße, im Vordergrund Schloß Adelsheim, jetzt Heimatmuseum. Siehe auch Seite 61, 62, 87, 91, 93.

Seite 31

Lithographie von Leopold Rottmann nach Ludwig Richter, um 1835, 30,5 x 43 cm.

Nach d. Natur gez. v. Richter. Schönfeldspitze. Gedruckt in der liter. artist. Anstalt in München. Auf Stein gez. v. L. Rottmann.

Berchtesgaden.

31

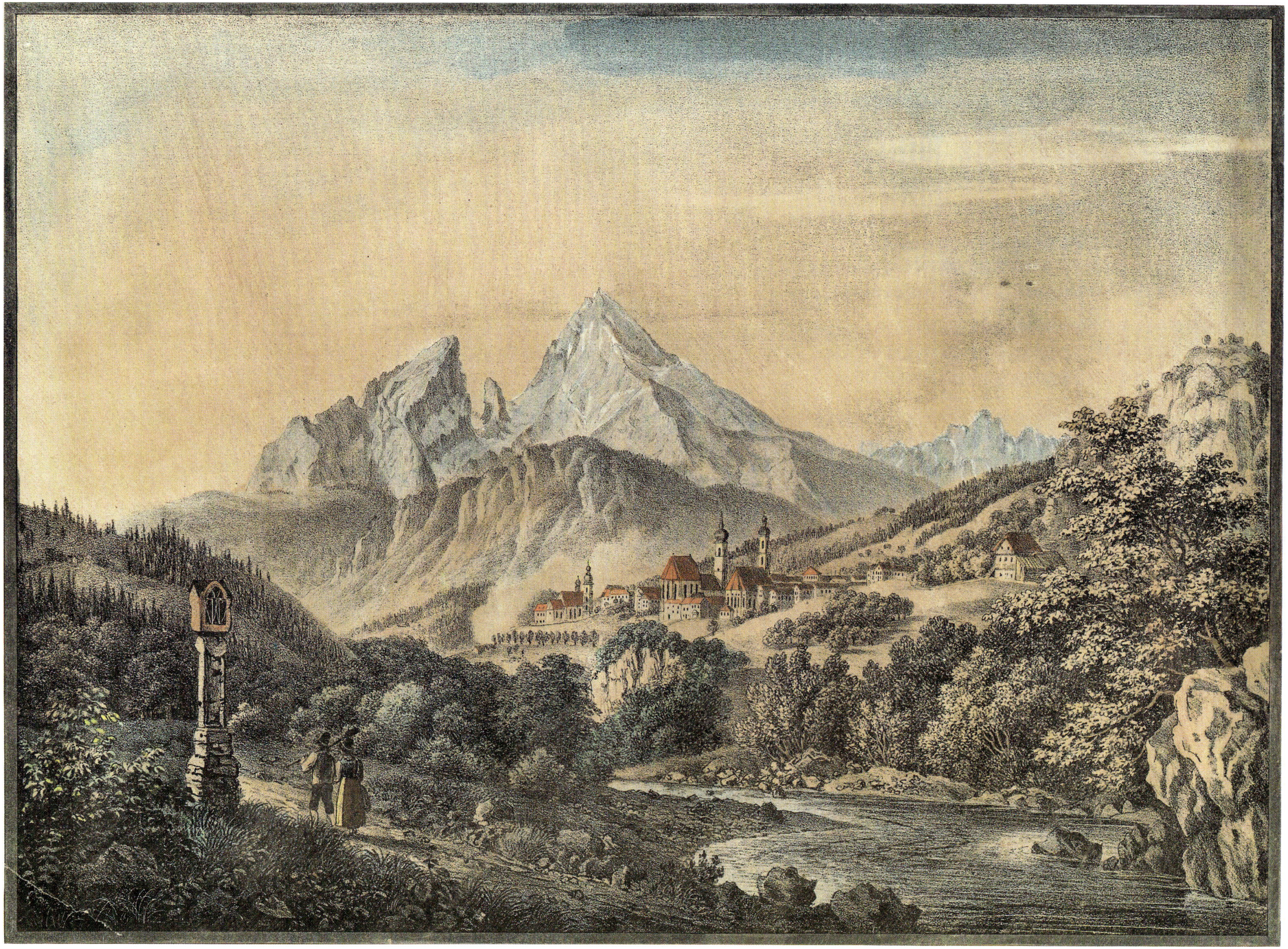

C. Frommel pinx.　　　　　　　　　　　　　　　　　　　　Atelier C. Frommel

ANSICHT VON BERCHTESGADEN　　　　　　　　VUE DE BERCHTESGADEN

BERCHTESGADEN.

Seite 32

Kolorierte Lithographie von Gustav Kraus, um 1830, 21,5 x 30,2 cm.

Seite 33

Stahlstich von Carl Frommel, 1842, 32 x 39 cm, aus: A. Lewald, Tyrol und seine nächsten Umgebungen. Auch 1845 in: Erinnerung an Tyrol, erschienen.

Seite 34

Kolorierte Lithographie von Sandmann nach Barberini, um 1845, 21 x 15 cm, aus: Neumann, Malerische Ansichten von Österreich . . . , siehe auch Seite 52. Nicht ganz treu »nach der Natur«, siehe Wildbach und den seitenverkehrten Stiftskirchturm.

Seite 35

Lithographie von Engelmann nach Nicholson nach einer Skizze von Mrs. Fortescue aus: F. Nicholson, Views in the Tyrol, 1828, auch 1830 erschienen, Originalgröße. Durch die zweifache Übertragung ist die Architektur, besonders der Türme, nicht wahrheitsgetreu wiedergegeben.

F. Nicholson del. From a Sketch by the Honble Mrs Fortescue. Engelmann & Co. lithog.

BERCHTESGADEN
TYROL.

London Published by Engelmann, Graf, Coindet & Co 92, Dean St Soho. March 28, 1829.
& Paris at Engelmann & Co.

Seite 36

Chromolithographie, Probeabzug vor dem Farbdruck, Originalgröße, von Rottmann nach Pezolt aus: Salzburg und seine Angraenzungen aus dem Bereiche der Natur, Kunst und Volksgebräuche, 1849. Siehe auch Seite 37 und 46.

Seite 37
Chromolithographie, endgültige Fassung, aus dem gleichen Werk wie Seite 36 und 46.

Königsee — Unterstein — Frauenreith  — St. Bartholomae

Schellenberg — Oberser

Schlossplatz — BERCHTESGADEN — Windbachthal

Kesselfall am Königsee  — Ramsau  — Gern  — St. Johann und Paul

Seite 38
Lithographie von Sandmann, um 1845, 33,5 x 47,5 cm, die bei Andreas Kaserer in Berchtesgaden verlegt wurde.

Seite 39
Anonyme Lithographie, bei Mey & Widmayer, etwa Originalgröße, aus: Oberbayerische Trachten, um 1840.

Seite 40 und 41
Anonyme altkolorierte Aquatintas der Königlichen Villa und Berchtesgadens, wahrscheinlich von Beda Weinmann, um 1855, Originalgröße.

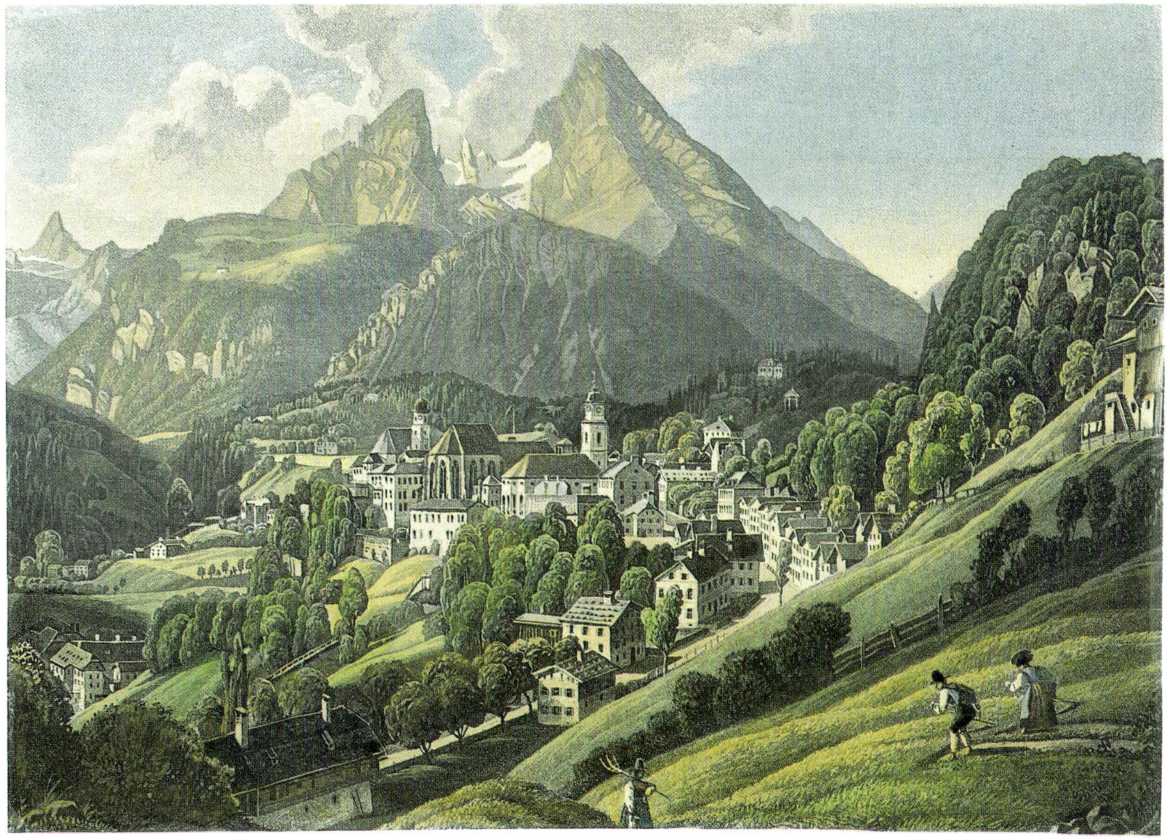

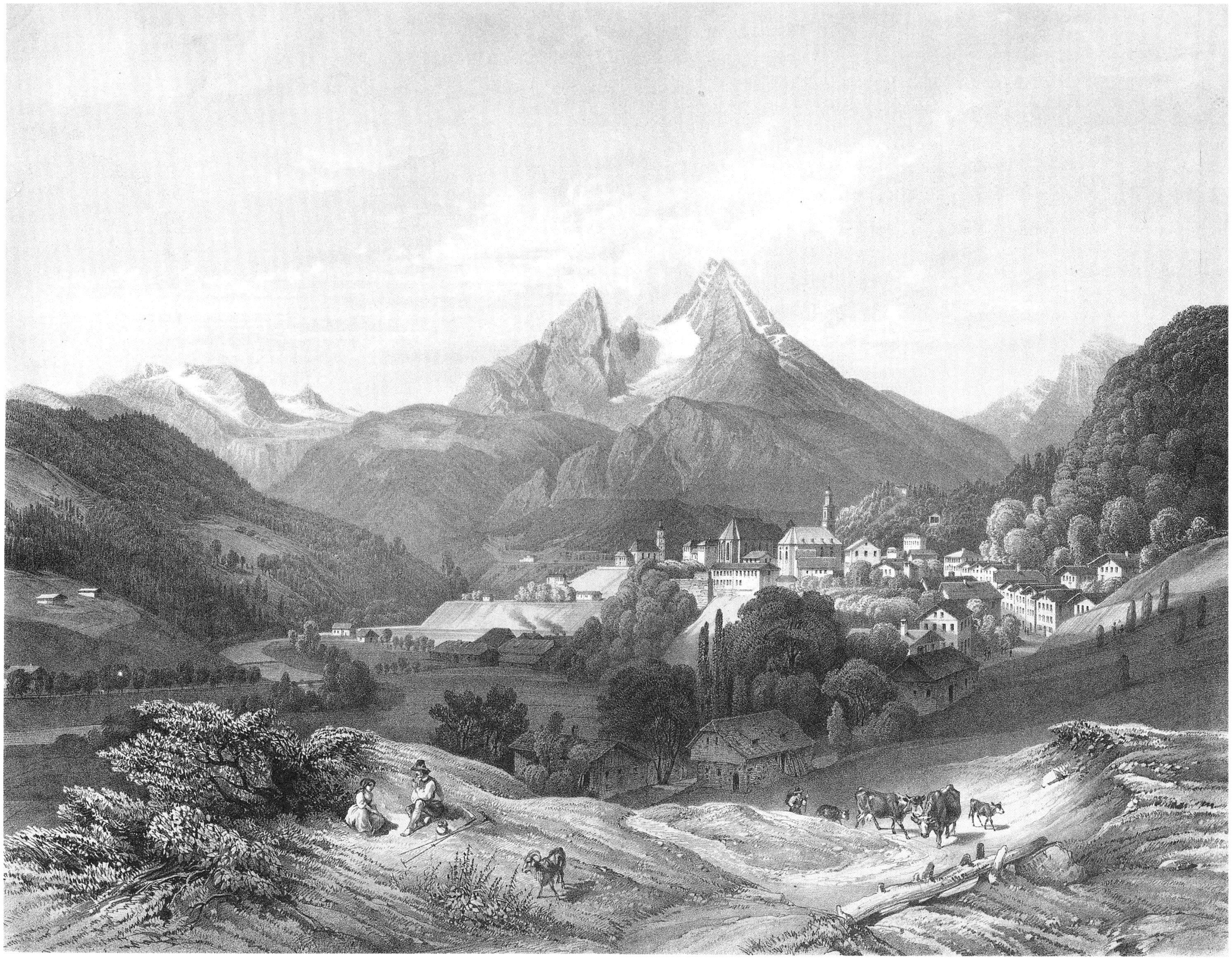

Seite 42
Tonlithographie von Sandmann nach Würthle, 37 x 48 cm, aus: Josef Bergmann, Ansichten der österreichischen Monarchie, Wien um 1850.

Seite 43
Blick auf das Stift von Süden. Holzstich von Link, 1859, Originalgröße, aus: Kalender für Katholische Christen auf das Jahr 1857 – 1860, Sulzbach.

Seite 44

Anonymer Stahlstich, Originalgröße. Das heutige Hotel Watzmann wurde 1850 von Martin Brug erbaut, die rückwärtige Brauerei, Oberbräu genannt, bestand schon seit 1828.

Seite 45
Stahlstich (der als Briefkopf Verwendung fand) mit Randansichten des Bergwerks, der Saline, des Schloßplatzes, der Königlichen Villa und Darstellungen aus dem damaligen Erwerbsleben von Hutter nach Geyer, um 1855, Originalgröße.

La montagne Watzmann.   Watzmann.   The mountain Watzmann.

Seite 46
Lithographie von Rottmann nach Pezolt, aus: Georg Pezolt, Salzburg und seine Angraenzungen aus dem Bereiche der Natur und Volksgebräuche, 1849. Siehe auch Seite 36 und 37.

Seite 47
Lithographie von Martin Martin, Originalgröße. Landschaftsausschnitt aus der Tristramschlucht.

Parthie aus der Tristram bei Berchtesgaden.

DIE ROSSPOINT MIT DEM WAZMANN
bei Berchtesgaden.

Seite 48
Lithographie von Rottmann nach T. v. V., eventuell Theodor van Veerssen, 31,5 x 43 cm.

Seite 49
Anonyme Lithographie, 14,8 x 21,2 cm.

Seite 50 und 51
Kolorierte Lithographien von Muttenthaler, um 1850, Originalgröße, aus: Costume de Baviére.

Costume de Baviére. Nº 28.

Gez.u.lith.v. Muttenthaler.   Verlag v. Max Ravizza. München.   Druck v. Dr C. Wolf u. Sohn.

Berchtesgaden.

Nach d. Natgez. von Barbarini.   Gedr. bei Joh. Höfelich.   Lithogr. von Sandmann.

DIE ETZER-MÜHLE BEI BERCHTESGADEN.

Verlag und Eigenthum von L.T. Neumann in Wien.

Seite 52

Lithographie von Sandmann nach Barbarini, um 1845, 21 × 15 cm, aus: Neumann, Malerische Ansichten von Österreich . . . , siehe auch Seite 34. Die Etzermühle wurde leider im Jahre 1967 abgebrochen.

Seite 53
Lithographie in Originalgröße von Sandmann. Randansicht
aus Seite 38.

Ausfahrt aus dem Königlichen Salzbergbaue zu Berchtesgaden mit dem neuen Eisenbahn-Wagen.

Bei Vorzeigung eines Fahrscheines am Salzberge, welcher in den gewöhnlichen Kanzleystunden vom Königl. Hauptsalzamte unentgeltlich erhalten wird, ist die Einfahrt Jedermann gestattet.

Seite 54
Anonyme Lithographie, 24 x 29 cm.

Seite 55
Lithographie von Oberer, Originalgröße.

MINERALIENKABINET.

CABINET DES MINERAUX.   CABINET OF MINERALS.

AUSFAHRT.

SORTIE DE MINE.   GETTING OUT OF THE MINE.

GROSSE GRUBE.

GRAND FOSSE.   GREAT PIT.
GLISSOIRE.   RUTSCHBAHN.   SLIDING PARTY.

Seite 56
Stahlstiche von Steinicken, um 1850, Originalgröße.

Seite 57

Anonymer Stahlstich mit Ansicht eines Salzwassersees im Bergwerk in Originalgröße.

Jlsang

Seite 58
Anonyme Lithographie mit Darstellung des 1817 erbauten
Brunnhauses in Ilsank, Originalgröße.

Alpengegend bei Berchtesgaden.

Seite 59
Lithographie um 1860 in Originalgröße von EA (vielleicht Eugen Adam), mit Ansicht der Roßhofschmiede in Ilsank.

Seite 60
Ansicht der Wimbachklamm, Stahlstich von Gunkel nach
Obermüllner in Originalgröße.

Seite 61
Tonlithographie der Wimbachklamm von Beda Weinmann, um 1845, ca. 21,5 x 16 cm.

Seite 62
Tonlithographie des Wimbachtales von Beda Weinmann, um 1845, ca. 16 x 21,5 cm.

Seite 63
Aquatinta von Schlotterbeck mit Ansicht des Wimbachtales, aus: Mahlerische Reise durch das Herzogthum Salzburg, Wien 1805 und 1808, ca. 22 x 31 cm, siehe auch Seite 13, 77, 88.

WINDBACHTHAL.

W. F. Schlotterbeck del. et sc.

Die mittlere Watzmannspitze und das Jagdschlösschen im Wimbachthale

Seite 64
Lithographie von Bollmann nach Stüdl, um 1870, Originalgröße.

Seite 65
Lithographie von Bollmann nach Pos(s)elt, aus: Der Alpenfreund, Monatshefte für Verbreitung von Alpenkunde unter Jung und Alt . . . , Gera 1875, Originalgröße.

Seite 66
Lithographie von Emminger, Originalgröße, mit dem Gasthaus Oberwirt im Vordergrund. Siehe auch Seite 90.

Seite 67
Radierung von Laufberger, um 1860, Originalgröße, mit Bauern in der damaligen Ramsauer Tracht. Der »Bier-Adam« ist sicher eine Erinnerung an Berchtesgaden.

Lith. u. Druck v. C. Bollmann, Gera. Verlag von EDUARD AMTHOR, Gera. Gez. von A. Poselt.

Der Hochkalter mit dem Blau-Eis.

Gez. u. lith. v. Emminger.   Verlag u. Eigenthum von Max Ravizza in München.   Druck v. Jul. Adam.

RAMSAU.

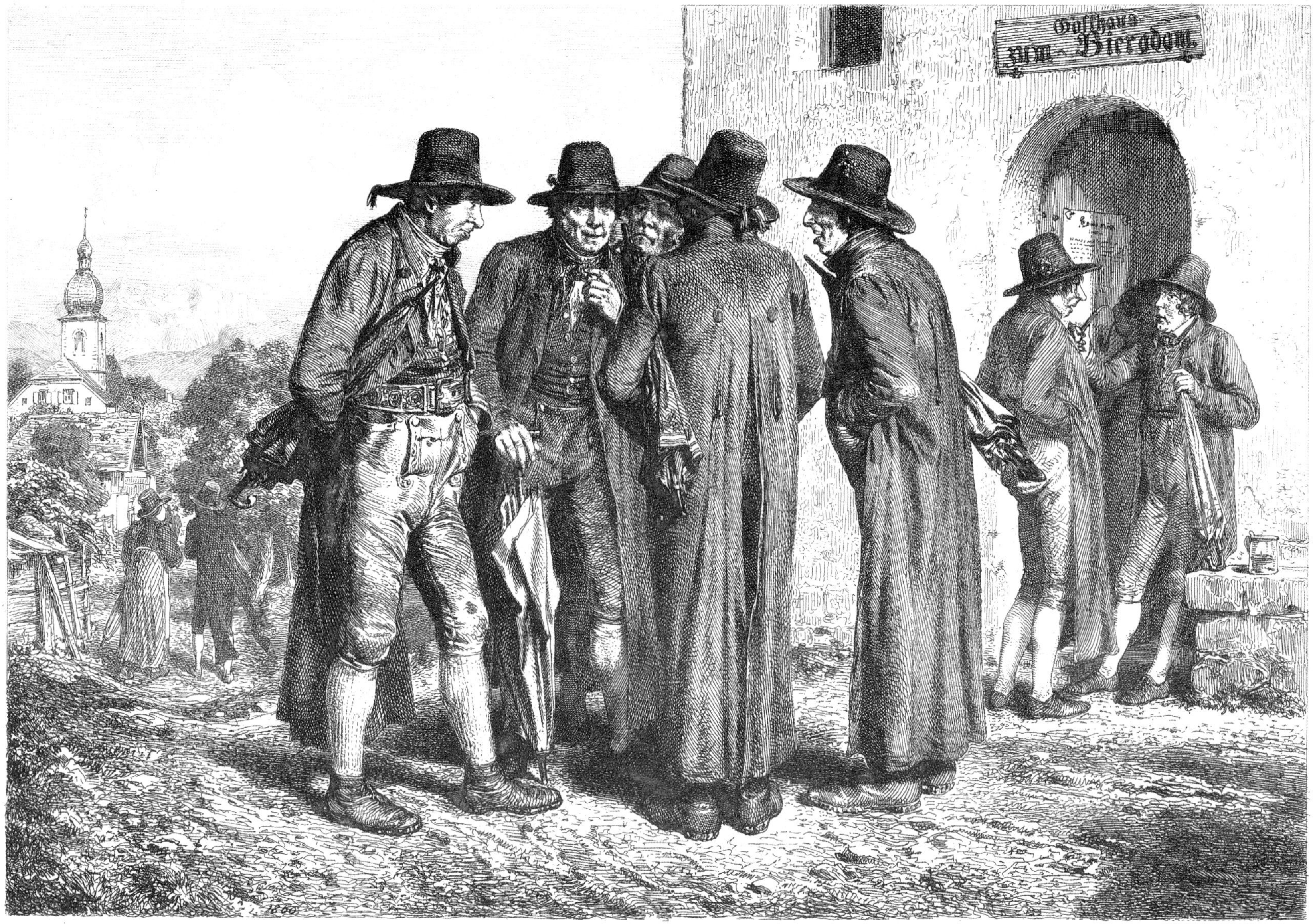

DRUCK V. FRANZ KARGL

Jd. Laufberger

Seite 68
Anonymer Stahlstich in Originalgröße. Im 19. Jahrhundert wurden die Ramsauer Ansichten meist mit Blick gegen den Hohen Göll gezeichnet.

Seite 69

Lithographie von Podesta nach dem Berchtesgadener Maler Anton Lanzlott, um 1840, Originalgröße. Das Blatt wurde bei Johann Wallner in Berchtesgaden verlegt.

Seite 70

Lithographie von Friedrich Hohe, um 1840, 22 x 37 cm, mit der seltenen Ansicht des Taubensees.

Seite 71

Aquatinta von Strüdt aus: Douze vues du Pays de Salzbourg, Mannheim 1807, 29 x 43 cm.

Nach d Natur gez u lith v. Friedr Hohe.

Gedr b Jul Adam in München

DER TAUBENSEE
in der obern Ramsau bei Berchtesgaden.

Verlagseigenthum v. Fr. Hohe & A Brugger in München.

Vue du Lac dit Hintersee | Ansicht vom Hintersee
dans la Prévôté de Berchtolsgaden Pays de Salzbourg | in der Probstey Berchtolsgaden im Salzburgischen

Mannheim bey D. Artaria.

Seite 72
Stahlstich von Gunkel nach Obermüllner mit einer Ansicht des Hirschbichls gegen die Mühlsturzhörner, Originalgröße.

Seite 73
Stahlstich von Schroll nach Geißler, etwa Originalgröße.

Unternstein

Seite 74
Lithographie in Originalgröße von Sandmann. Randansicht
aus Seite 38. Im Mittelpunkt die Hubertuskapelle.

Seite 75
Stahlstich von A. Schrödl in Originalgröße. Darstellung von Schloß Hubertus.

Seite 76
Radierung von Ludwig Richter in Originalgröße aus: Malerische Ansichten aus den Umgebungen Salzburgs und Berchtesgaden, Leipzig 1830.

Seite 77
Kolorierte Aquatinta von Schlotterbeck aus der gleichen Serie wie Seite 13, 63, 88, 31,5 x 22 cm.

Seite 78
Umrißradierung von Güntherr nach Wallée in Originalgröße aus: 26 der schönsten mahlerischen Ansichten der Stadt Salzburg und ihrer romantischen Umgebung, Salzburg bei Hacker 1818, siehe auch Seite 89.

Seite 79
Anonyme kolorierte Lithographie, Kopie nach Wallée, siehe Seite 78.

der König-See gegen den Untersberg bei Salzburg.

W.F. Schlotterbeck del et sc.

Hafen von Koenigsee

Königs-See. 1.
Salzburg bey B. Hacker.

KÖNIGSSEE I.

Seite 80

Der Königssee, 3. Ansicht, kolorierte Lithographie von Kunike, um 1830, 24 x 34 cm, aus der gleichen Serie wie Seite 21 und 81.

Seite 81
Der Königssee, 1. Ansicht, kolorierte Lithographie von Wolf
nach Kunike aus der gleichen Serie wie Seite 21 und 80.

Seite 82

Lithographie von Julie Gräfin von Egloffstein mit Darstellung der Schiffer Cathy vom Königssee, 31 x 23 cm.

Seite 83

»Eine Parthie am Königssee bei Berchtesgaden«, Lithographie von Sandmann nach Höger, etwa Originalgröße.

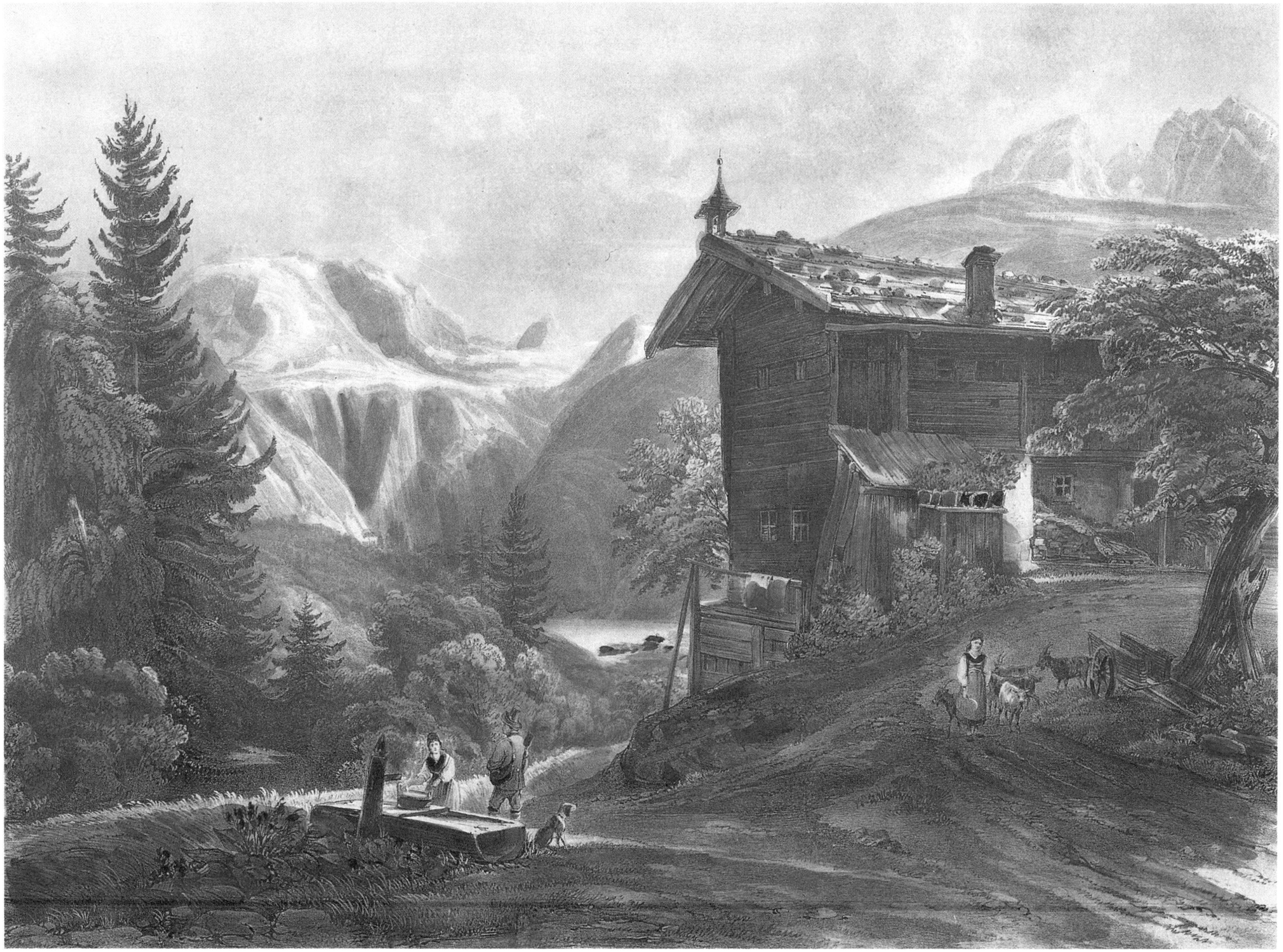

Königs- oder Bartholomäus-See gegen Mitternacht.
Bey Berchtesgaden.

Seite 84
Anonymer Kupferstich um 1800 in Originalgröße.

Seite 85
Aquatinta von Beda Weinmann um 1850 in Originalgröße.

Der Königsee bei Berchtesgaden.

Le Lac du Roi près de Berchtesgaden. — *The King's Lake near Berchtesgaden.*

KÖNIGS-SEE

Seite 86
Lithographie von Schiffer.

Seite 87
Lithographie von Weinmann mit Ansicht der von Wallner errichteten Klause in Kessel, um 1845, ca. 21,5 x 16 cm.

DIE KLAUSE AM KÖSSLBACH.

Seite 88
Aquatinta von Schlotterbeck mit Darstellung des Kesselbachfalles aus der gleichen Serie wie Seite 13, 63 und 77, ca. 22 x 31 cm.

Seite 89
Kolorierte Umrißradierung von Güntherr nach Wallée aus der gleichen Serie wie Seite 78, Originalgröße.

Der Keſsel-Bach.

Salzburg, bey B. Hacker.

ST. BARTHOLOMÆ.

Seite 90

Lithographie von Emminger in Originalgröße, siehe auch Seite 66.

SCHLOSS BARTHOLOMAE.
gegen den Jener bei Berchtesgaden.

Druck u. Verlag der Oberer'schen lith. K. Anst in Salzburg

Seite 91
Lithographie von Weinmann, 16 x 21,5 cm, um 1845.

BAIERN.

St. Bartholomä am Königssee
bei Berchtesgaden

Seite 92
Kolorierter Stahlstich von Knocke nach Weinmann in Originalgröße.

Seite 93
Lithographie von Weinmann, ca. 21,5 x 16 cm, um 1845. Die Ansicht zeigt auch die 1863 durch ein Hochwasser weggerissene Hütte vor der Kapelle St. Johann und Paul.

ST. JOHANN U. PAUL.

Verlag der Obererschen lith. Kunst-Anstalt in Salzburg.

Seite 94

Aquatinta von Stiebeler nach Rösel, 1806, Originalgröße, siehe auch Seite 14. Blick über den Eisbach bei St. Bartholomä auf die Kapelle St. Johann und Paul.

Seite 95

Lithographie von Grünwedel nach Gustav Reinhold, 1838, 18,5 x 24,5 cm.

Nach d. Natur gez. v. G. Reinhold. / Lith. u. Druck aus der Anst. v. J.N. Burger in München. / C. Grünwedel ft. 1838.

GLETSCHER
genañt die Eiskapelle zu St Bartholomä am Königsee.

GEGEND AM KOENIGSSEE BEI SALZBURG.
Angekauft vom Saechsischen Kunstvereine auf das Jahr 1835.

Original Zeichnung in gleicher Größe.

Obersee bei Berchtesgaden   Verlag Max Ravizza München.

Seite 96
Kupferstich von Busse, 31 x 21,4 cm, sächsisches Kunstvereinsblatt 1835, Landschaftsdarstellung zwischen Königssee und Obersee.

Seite 97
Anonymer kolorierter Stahlstich bei Ravizza in München, Originalgröße.

Seite 98

Radierung von Klein, 1818, Originalgröße. Johann Adam Klein versandte diese Darstellung auch als Neujahrsglückwunschkarte.

Seite 99

Kolorierte Umrißradierung der Fischunkelalm am Obersee von Rahl nach Viehbeck, 1821, Originalgröße, aus der gleichen Serie wie Seite 26 und 27.

99

Personen und Architektur

In den meisten Abbildungen dieses Bandes werden die Menschen nicht »treu nach der Natur« dargestellt. In der Behandlung dieser Figuren zeigt sich die jeweilige Kunstauffassung, der Zeitgeschmack. Dies gilt besonders für die Romantik. Aber auch vorher, bei den Prospectzeichnern, und nachher, im beginnenden Realismus, werden die Menschen nicht im täglichen Leben gezeigt, sondern sie werden idealisiert. Meist dienen die dargestellten Personen zur Verdeutlichung des räumlichen Bildaufbaus, oft zugleich als Stimmungsträger, oder sie schlüpfen in die Rolle des Betrachters der jeweiligen Landschaft. Ist nun deswegen der Berchtesgadener des 19. Jahrhunderts nicht faßbar? Wahrscheinlich doch, wenn auch meist idealisiert, von der Hochlandromantik verklärt. Die Kraxentragerinnen und Kraxentrager gehörten damals durchaus zum täglichen Bild (S. 26), ebenso der hohe Trachtenhut (S. 39) oder der Scheibling (S. 25), die Bundhose und der lange Mantel (S. 67).

Die Generalansicht Berchtesgadens wird nicht nur durch die Gebirgswelt, sondern auch durch die Architektur geprägt. Bis heute sind dabei glücklicherweise die Kirchenbauten die Dominanten geblieben. Seit Jahrhunderten beherrscht die Stiftskirche unser Ortsbild, auf keiner Ansicht Berchtesgadens fehlt sie. Sie bietet uns daher einen idealen Anhaltspunkt zur Datierung der Stiche. Bekanntlich wurde das ursprüngliche Turmpaar 1596 vom Blitz getroffen. Der südliche Turm mußte daraufhin auf die halbe Höhe abgetragen werden, nur der nördliche wurde im Renaissance-Stil wieder aufgebaut. Auf den Darstellungen bis 1845 zeigt sich die Stiftskirche deshalb nur mit einem Turm, dann mußte auch er wegen Baufälligkeit abgerissen werden. Zwanzig Jahre lang war die Stiftskirche nun turmlos (S. 41), erst ab 1866 sieht man sie wieder mit zwei Türmen.

Auch das Bräuhaus ist auf keiner Generalansicht zu übersehen. Im 19. Jahrhundert lag noch das freie Feld vor den Brauereigebäuden. So heben sich auf vielen Ansichten die großen Walmdächer des Bräuhauses und der dahinterliegenden Pfistermühle ab. Je nach Blickwinkel zeigen sich auch oft das Brunnhaus Pfisterleiten (erbaut 1816/17) und die steil zum Weinfeld hinaufsteigende Soleleitung.

Auf einigen Blättern bildet übrigens der Klosterbach ein reizvolles Detail. Er stürzte damals noch als Wasserfall über den Priesterstein hinab.

Künstlerverzeichnis

Alt, Jakob
(27. 9. 1789 Frankfurt/M. — 30. 9. 1872 Wien)

Landschaftsmaler und Lithograph, erste Unterweisung in Frankfurt, seit 1811 in Wien, Reisen in die Alpen, nach Oberitalien und nach Rom, lieferte mehrere Vorlagen zu hiesigen Stahlstichen, die Winkles und Rosée ausführten.

Barbarini, Franz
(1804 Znaim — 20. 1. 1873 Wien)

Landschaftsmaler und Radierer, schuf zwei Zeichnungen von der Etzermühle und von Berchtesgaden, die Sandmann lithographierte. 1981 wurde in München ein Berchtesgadener Aquarell von ihm versteigert.

Bollmann, C.

Lithograph aus Gera, lithographierte die beiden abgebildeten Blätter nach A. Posselt und Joh. Stüdl.

Busse, Georg Heinrich
(17. 7. 1810 Bennemühlen — 26. 2. 1868 Hannover)

Maler, Kupferstecher und Radierer, studierte in Dresden die Stecherkunst unter Stölzel, kam im Winter 1835 nach Rom, wo er sich unter J. A. Koch in der Landschaftsmalerei weiterbildete. 1844 Rückkehr nach Hannover. Er zeichnete und stach das Sächsische Kunstvereinsblatt des Jahres 1835: »Gegend am Königssee bei Salzburg«.

Datz, Caspar Christophorus
(5. 1. 1748 Berchtesgaden — 7. 4. 1795 Berchtesgaden)

Sohn des Berchtesgadener Hoftischlers Christoph Tatz d. J. (Hauptwerke des Vaters: 1736 Sakristeischränke Stiftskirche, 1755 Hochaltar Maria Kunterweg, 1760 die 2 Seitenaltäre in der Ramsauer Kirche). Caspar war wohl ursprünglich auch Hoftischler, denn ein solcher fertigte nach 1780 neues Mobiliar für das Stift. Später zum hochfürstlichen Bauverwalter ernannt. 1787 zeichnete er vom Hofbichel aus die Vorlage zu Zollers Stich »Der Wazmann in Berchtesgaden«. 1797 wurde sein 3-stöckiges Haus im Markt um 3.300 Gulden zum Verkauf aufgerufen.

EA

Monogramm eines Malers, der das Blatt »Alpengegend bei Berchtesgaden« fertigte, eventuell Eugen Adam (1817-1880).

Egloffstein, Julie Gräfin v.
(12. 9. 1792 Hildesheim — 16. 1. 1869 Marienroda)

Malerin und Lithographin, Autodidaktin, hielt sich 1829/32 in Rom und Neapel auf, machte sich als Porträtistin einen Namen. Zeichnete und lithographierte das Blatt »Die Schiffer Cathy vom Königssee«.

Emminger, Eberhard
(16. 10. 1808 Biberach — 27. 11. 1885 Biberach)

Landschaftszeichner und Lithograph, kam auf seinen weiten Reisen auch nach Berchtesgaden, wo er mehrere Ansichten zeichnete und lithographierte.

Engelmann, Gottfried
(17. 8. 1788 Mülhausen — 25. 4. 1839 Mülhausen)

Lithograph, lernte 1814 bei Senefelder in München und gründete noch im selben Jahr in Mülhausen die erste lithographische Anstalt in Frankreich. 1816 folgte ein Zweigbetrieb in Paris, später ein weiterer in London. Lithographierte 1829 nach F. Nicholson eine Ansicht von Berchtesgaden.

Erhard, Johann Christoph
(21. 2. 1795 Nürnberg — 20. 1. 1822 Rom)

Maler, Radierer und Kupferstecher. Schüler der Nürnberger Zeichenschule unter G. Ph. Zwinger. 1809 beim Kupferstecher Ambrosius Gabler in Nürnberg. Hier Förderung durch J. A. Klein. 1816 mit Klein nach Wien. 1818 Reise mit Klein, den Gebrüdern Reinhold und Welker nach Salzburg und Berchtesgaden. 1819 mit Reinhold nach Rom, wo er 1822 durch Freitod starb. Die hinterlassenen Kupferplatten gingen in den Besitz Kleins und der Kunsthändler Harzen und Börner über, welche seine Radierungen mehrmals neu herausgaben.

Frommel, Carl Ludwig
(29. 4. 1789 Birkenfeld — 6. 2. 1863 Pforzheim)

Landschaftsmaler, Kupfer- und Stahlstecher, Lehre in Karlsruhe, reiste 1809 nach Paris, 1813/17 nach Rom und 1817 mit Ferdinand Olivier nach Salzburg und Berchtesgaden. 1817 Professor für Malerei und Kupferstecherkunst in Karlsruhe. Bei einem Aufenthalt in London wurde er mit dem Stahlstich vertraut und gründete daraufhin um 1823 zusammen mit Winkles Deutschlands erste Stahlstichanstalt in Karlsruhe. Er schuf einen großformatigen Stahlstich von Berchtesgaden.

Geißler, Rudolf
(15. 1. 1834 Nürnberg – 15. 9. 1906 Nürnberg)

Maler und Radierer, Ausbildung in Nürnberg, Leipzig und Dresden, lieferte die Vorlage für die Ansicht »Im Bayerischen Hochland bei Berchtesgaden«, die Wilhelm Schroll stach.

Geyer, Conrad
(15. 8. 1816 Nürnberg – 4. 11. 1893 München)

Zeichner und Kupferstecher, lernte in Nürnberg und Leipzig, war seit 1851 in München tätig. Lieferte I. Hutter die Vorlage zu einem Berchtesgadener Stahlstich, der als Briefkopf Verwendung fand. Die Originalplatte ist noch erhalten und von ihr werden neuerdings wieder Abdrucke hergestellt. Außerdem radierte er sechs Aquatintablätter des Berchtesgadener Bergwerks nach H. Brunner: gestochenes Titelblatt, Salzsee, Salzseefahrt, Salzgrube, Rollenfahrt in die Grube, Ausfahrt.

Groß, P.

Aquatintastecher und Lithograph in Berlin, wo er von 1800 bis 1825 nachweisbar ist. Radierte zwei Aquatintablätter nach Rösel, die ab 1806 in mehreren Auflagen erschienen.

Grünwedel, Carl Joseph
(22. 4. 1815 Pappenheim – 18. 4. 1895 München)

Maler und Lithograph, lithographierte 1838 mehrere Ansichten des Königsseer Gebietes nach G. Reinhold. Fertigte 1846 dekorative Malereien im Schloß Anif.

Gunkel, Karl

Stahlstecher, fertigte um 1860 eine Stahlstichserie von Oberbayern mit zahlreichen Ansichten des Berchtesgadener Raumes nach Obermüllner und anderen. Die Originalplatten sind teilweise noch vorhanden, von ihnen wurden 1975 neue Abzüge gefertigt.

Güntherr, Franz Seraphin
(1787 in Salzburg geboren)

Kupferstecher, 1802/07 Schüler von Joseph Gleich in Augsburg, arbeitete in Salzburg, stach nach Wallée und Runk zahlreiche Berchtesgadener Ansichten, die bei Hacker (später bei Vesco) in Salzburg verlegt wurden.

Hacker, Benedikt
(30. 5. 1769 Deggendorf – 3. 5. 1829 Salzburg)

Musiker und Komponist, Schüler von Michael Haydn und Leopold Mozart, seit 1783 in Salzburg, wo er 1803 eine Kunst- und Musikalienhandlung errichtete. Stand in geschäftlichen Beziehungen mit der Berchtesgadener Flötenmacherfamilie Walch und dem Holzwarenverleger Wallner. Ertrank 1829 in der Salzach bei Maria Plein. 1830 ging das Geschäft an Ciprian Vesco über. Im Nachlaß befanden sich u. a.: 143 kleine, abgenutzte Kupferplatten und mehrere Ansichten von Berchtesgaden. Die Berchtesgadener Blätter wurden fast alle von Louis Wallée gemalt und von Franz Güntherr gestochen. Sie erschienen häufig nur mit der Verlagsadresse »Salzburg bey B. Hacker«

Höfel, Blasius
(27. 5. 1792 Wien – 17 .9. 1863 Aigen/Salzburg)

Kupfer-, Stahlstecher und Lithograph, studierte in Wien, 1818 Reise nach Italien, 1849 zog er nach Salzburg, stach nach Pezolt das Blatt »Schellenberg mit dem hohen Göll«.

Höger, Joseph
(3. 11. 1801 Wien – 13. 5. 1877 Wien)

Landschaftsmaler, Radierer und Lithograph, Schüler der Wiener Akademie, beeinflußt von Klein, Erhard und Gauermann, Reisen in die Alpen, malte viel in Berchtesgaden, wie z.B. seine »Partie aus dem Berchtesgadenertale« (Kunsthistorisches Museum Wien), lieferte Sandmann die Vorlage zu dem Blatt: »Eine Parthie am Königssee bei Berchtesgaden«.

Hohe, Friedrich
(1802 Bayreuth – 7. 6. 1870 München)

Münchner Maler, Radierer und Lithograph, fertigte Ansichten vom Hinter- und Taubensee und auch das Blatt: Graf Arco-Zinneberg, Mein erster Adlerfang am Untersberg.

Hutter, I.

Stahlstecher, stach ein Blatt von Berchtesgaden mit Randansichten nach Conrad Geyer.

Kaserer, Andreas Kajetan Johann Nepomuk
(6. 8. 1797 Berchtesgaden – 23. 3. 1865 Berchtesgaden)

Holzwarenverleger und Gemeindepfleger, der wegen stockendem Spielwarenabsatz und aufkommendem Fremdenverkehr auch Druckerzeugnisse verlegte, so 1852: Dr. Franz J. Englert, Berchtesgaden und seine Umgebung (mit 1 Lithographie des Königssees) und 1861: Ritter von Koch-Sternfeld, Die Gründung und die wichtigeren geschichtlichen Momente des ehemaligen fürstlichen Reichsstifts und heutigen Fürstenthums Berchtesgaden usw. (mit dem Kupferstich: Berchtesgaden vor 700 Jahren). Ferner verlegte er auch Sandmanns große Lithographie von Berchtesgaden mit den Randansichten.

Kleiber, Franz Xaver
(1794 München — 22. 6. 1872 München)

Maler, Lithograph und Zeichenlehrer an einem Münchner Gymnasium, fertigte zwei Porträts von Anton Adner: 1814 im Anschluß an dessen Besteigung des Münchner Frauenturms und 1818 nachdem er am Gründonnerstag als Apostel am Fest der Fußwaschung in München teilgenommen hatte. Die Bildnisse wurden »nach der Natur« gezeichnet und sind authentische Abbildungen des ältesten Berchtesgadener Bürgers aller Zeiten.

Klein, Johann Adam
(24. 11. 1792 Nürnberg — 21. 5. 1875 München)

Maler und Radierer, bereits mit 8 Jahren Zeichenunterricht, 1802 Besuch der Nürnberger Zeichenschule, 1805 Lehre beim Kupferstecher Ambrosius Gabler, 1811 Fortbildung an der Wiener Akademie, 1815 Rückkehr nach Nürnberg, 1818 Reise mit Erhard, Welker und den Brüdern Friedrich Philipp und Heinrich Reinhold nach Salzburg und Berchtesgaden. Hier nächtigten sie im Leithaus, dem heutigen Hotel Post. Davon zeugt eine Zeichnung, die sich im Münchner Stadtmuseum befindet und bezeichnet ist: »Aussicht aus dem Gasthof zum Leithaus, Berchtesgaden Sept. 1818«. Damals entstand auch ein Aquarell, welches sich heute in den Stadtgeschichtlichen Sammlungen in Nürnberg befindet. Es ist die erste Darstellung Berchtesgadens von der Locksteinstraße aus. Diese Ansicht wurde später von Alexander Marx in Stahl gestochen. Anschließend hielt sich Klein sieben Monate in München auf, wo er u.a. die Blätter »Meinen Reisegefährten gewidmet« und die »Sennerin von der Königsalpe bei Berchtesgaden« radierte. 1819 Reise nach Italien, 1823 wieder in Nürnberg und von 1873 an in München tätig.

Knocke, W.

Reproduktionsstecher, fertigte mehrere Berchtesgadener Ansichten nach Fischbach, Weinmann und Würthle.

Kraus, Gustav Wilhelm
(1804 Passau — 1852 München)

Maler und Lithograph, Schüler W. v. Kobells an der Münchner Akademie, fertigte verschiedene Berchtesgadener Ansichten, darunter auch vier Blätter für A. v. Schadens »Alpenröslein, oder 24 malerische Ansichten verschiedener Burgen, Gegenden, Seen etc.« (München 1836).

Kromsigt, Gerardus
(1797 Haarlem — 7. 9. 1855 Amsterdam)

Holzschneider, fertigte auch einen Holzschnitt mit einer Ansicht von Berchtesgaden.

Kunike, Adolph Friedrich
(25. 2. 1777 Filovitz/Rügen — 17. 4. 1838 Wien)

Maler und Lithograph, Schüler der Wiener Akademie, 1808/10 in Rom, 1816 lernte er bei Senefelder in München die Lithographie und schon 1817 eröffnete er in Wien eine eigene lithographische Anstalt. Um 1830 gab er sein Werk: »Malerische Ansichten von Österreich, Steyermark, Kärnten, Krain, Salzburg und Tyrol« heraus, wofür er Vorzeichnungen für vier Blätter von Berchtesgaden und vom Königssee schuf. Eine dieser Ansichten lithographierte er selbst, die restlichen Franz Wolf.

Kuster, Jakob
(1769 Winterthur — 9. 1. 1796 Winterthur)

Maler und Kupferstecher, Schüler seines Vaters Konrad Kuster, studierte 2 Jahre in München und war anschließend in Winterthur tätig. Zeichnete während seines Aufenthaltes in München ein Porträt von Joseph Conrad von Schroffenberg, welches Weissenhahn in Kupfer stach. Es ist mit »Kusterer« bezeichnet.

Lanzlott, Anton
(3. 6. 1815 München — 19. 2. 1849 Berchtesgaden)

Maler, sein Vater war königlicher Kassier im Kriegsministerium in München, heiratet am 14.5.1839 in Berchtesgaden die Spitalmeiertochter Josefa Pfeil, erbaute und bewohnte das Malerstöckl im Spitalhof neben der Pfarrkirche in Berchtesgaden. Von seinem Werk ist nur wenig bekannt. Zur abgebildeten Ramsauer Lithographie gehört noch ein zweites Blatt vom Hintersee, dessen Vorzeichnung er ebenfalls schuf. Ein Trachtenbild (Öl auf Kupfer) von ihm befindet sich im Heimatmuseum Berchtesgaden. Erwähnenswert ist noch folgendes: 1846 möchte der bayerische Kronprinz wissen, wo sich in Oberbayern noch die alte Tracht erhalten hat und wie man sie am leichtesten abbilden kann. Berchtesgaden berichtet, daß sie noch im ganzen Bezirk, am meisten im Ramsauer Tale, getragen wird. Daraufhin wird angeordnet, die Tracht in der Ramsau zu zeichnen. Den Auftrag dazu erhielt Lanzlott.

Laufberger, Ferdinand
(16. 2. 1829 Mariaschein/Böhmen – 16. 7. 1881 Wien)

Maler, Radierer und Lithograph, besuchte die Akademien in Prag und Wien, seit 1855 mehrere Studienreisen in die Alpen, 1868 Professor an der Kunstgewerbeschule in Wien. Er schuf um 1860 die Radierung mit den Bauern in der Ramsau vor einem Gasthof Bier Adam.

Link, Karl
(1800 in Mannheim geboren)

Lithograph und Holzstecher, fertigte wahrscheinlich die fünf Ansichten von Berchtesgaden, welche 1859 als Holzstiche im »Kalender für Katholische Christen auf das Jahr 1857 - 1860« in Sulzbach erschienen.

Martin, Martin
(1792 oder 1798 München – 1865 München)

Autodidakt, königlich-bayerischer Hofbeamter in München, zeichnete häufig im Berchtesgadener Land, nachweislich in den Jahren 1829, 1830, 1833, 1834, 1835, 1836, 1838, 1839, 1841 und 1858. Fertigte während dieser Aufenthalte eine große Anzahl von Zeichnungen, oft mit wenig bekannten Motiven. Die abgebildete Lithographie – »Parthie aus der Tristram« – ist hierfür bezeichnend.

Marx, Alexander Richard
(1815 in Nürnberg geboren)

Kupfer- und Stahlstecher aus Nürnberg, stach vor 1839 nach J.A. Klein eine Ansicht Berchtesgadens aus dem Jahre 1818, die das Bibliographische Institut in Hildburghausen in seinen auflagestarken Publikationen abdruckte.

Mey & Widmayer

Verlag in München, gab um 1840 das Album »Oberbayerische Trachten« mit 20 kolorierten Lithographien heraus, darunter auch zwei Berchtesgadener Trachtenblätter.

Muttenthaler, Anton
(10. 5. 1820 Höchstädt – 21. 3. 1870 Leipzig)

Maler, Lithograph und Holzschneider, Schüler von W. Kaulbach, fertigte die beiden abgebildeten Trachtenblätter von Berchtesgaden.

Nicholson, Francis
(14. 11. 1753 Pickering – 6. 3. 1844 London)

Englischer Maler, Radierer und Lithograph, schuf nach einer Skizze von Frau Fortescue eine Zeichnung von Berchtesgaden, welche Engelmann 1829 lithographierte.

Oberer, Joseph
(31. 3. 1789 Salzburg – 15. 2. 1843 Salzburg)

Buchdrucker und Lithograph, übernahm nach dem Tod seines Vaters Franz Xaver (1755 - 1826) die Buchdruckerei im Tanzmeisterhaus in Salzburg. Im Jahre 1830 beschloß er, eine lithographische Anstalt zu gründen und sandte deshalb seinen Vetter Joseph Wappmannsberger nach München, die Lithographie zu erlernen. Bevor er die Gewerbegenehmigung erhielt, mußte er Proben seines Könnens einsenden. Diese ersten in Salzburg hergestellten Lithographien befinden sich im Landesarchiv Salzburg (Kreisamt Fasc. 257). 1831 eröffnete er die erste lithographische Anstalt Salzburgs und gab von nun an zahlreiche Ansichten auch des Berchtesgadener Landes heraus. Er starb kinderlos. Sein Grab befindet sich auf dem Sebastiansfriedhof in Salzburg. Seine Witwe Walburga, geb. Lettl aus Traunstein führte den Verlag nach seinem Tode weiter.

Obermüllner, Adolf
(3. 9. 1833 Wels – 29. 10. 1898 Wien)

Landschaftsmaler, studierte in Wien, München, Paris und Holland, anschließend in Wien tätig, lieferte mehrere Vorzeichnungen für die Stahlstichserie von Gunkel.

Olivier, Ferdinand J. H. v.
(1. 4. 1785 Dessau – 11. 2. 1841 München)

Landschaftsmaler und Graphiker, Ausbildung in Dessau, 1804 - 1806 Studium an der Dresdener Akademie, in dieser Zeit Kontakt zu den Romantikern um C. D. Friedrich, 1811 nach Wien, wo er von J. A. Koch entscheidende Impulse erhielt. 1815 mit Philipp Veit, 1817 mit Carl Frommel, Rist und Schnorr von Carolsfeld und 1829 Reisen nach Salzburg und Berchtesgaden. Dabei entstanden auch die Vorzeichnungen zu seinem graphischen Hauptwerk: »Sieben Gegenden aus Salzburg und Berchtesgaden, geordnet nach den sieben Tagen der Woche«, welches 1823 als Lithographiefolge bei Kunike in Wien erschien. 1830 Übersiedlung nach München, 1833 dort Professor für Kunstgeschichte.

Pezolt, Georg
(8. 5. 1810 Salzburg – 28. 10. 1878 Salzburg)

Maler und Lithograph, Schüler von Johann Wurzer, 1827/37 und 1840/42 Italienreisen, ansonsten nur in Salzburg tätig. Schuf zahlreiche Vorlagen zu Stichen/Lithographien des Berchtesgadener Gebietes und zu zwei hiesigen Trachtenblättern.

Podesta, August
(1813 Malchow – 1858 München)

Landschaftsmaler und Lithograph, in Dresden und München tätig, schuf u. a. zwei Lithographien von der Ramsau und dem Hintersee nach A. Lanzlott.

Posselt, Anton

Zeichner und Alpinschriftsteller, zeichnete das Blatt »Der Hochkalter mit dem Blau-Eis«, welches C. Bollmann lithographierte. Es erschien im Jahre 1875 in »Der Alpenfreund: Monatshefte für Verbreitung der Alpenkunde usw.« zu seinem Aufsatz: »Eine Besteigung des Hochkalters«.

Rahl, Carl Heinrich
(11. 7. 1779 Hoffenheim/Sinzheim – 12. 8. 1843 Wien)

Maler, Radierer und Kupferstecher, ging 1799 nach Wien, wo er sich als Reproduktionsstecher hervortat. 1815 Mitglied der dortigen Akademie, 1829 Kammer-Kupferstecher und 1840 Akademie-Professor. Radierte die Blätter »Berchtesgaden von der Nord-Seite« und »Die Fischungl Alpe in Berchtesgaden« nach Carl Viehbeck.

Reinhold, Gustav
(22. 1. 1798 Gera – 5. 11. 1849 Königssee)

Landschaftsmaler, Bruder des Friedrich Philipp und des Heinrich Reinhold, ging 1820 zu seinem Bruder Friedrich Ph. nach Wien und erlernte unter dessen Anleitung den Malerberuf, 1824/27 studierte er an der Wiener Akademie, verlegte um 1835 seinen Wohnsitz nach Berchtesgaden, bereiste von hier aus mit Gauermann 1836, 1839 und 1843 das Salzkammergut, Tirol und Oberitalien, war aber ansonsten überwiegend in Berchtesgaden und Salzburg tätig.

Richter, Ludwig Adrian
(28. 9. 1803 Dresden – 19. 6. 1884 Loschwitz/Dresden)

Landschaftsmaler, Zeichner, Radierer und Buchillustrator, erhielt seinen ersten Zeichen- und Radierunterricht bei seinem Vater Carl August. 1823 hielt er sich, auf dem Weg nach Italien, in Berchtesgaden auf, um Vorzeichnungen für sein Watzmannbild zu fertigen. Es entstand 1824 unter Einfluß J.A. Kochs in Rom (heute: Neue Pinakothek München). 1830 entstand der Zyklus von sechs Blättern: »Malerische Ansichten aus den Umgebungen Salzburgs und Berchtesgadens«. Außer dem abgebildeten »Königssee bei Salzburg« gehören nach dazu: »Das Tennengebirge bei Salzburg«, »In der Ramsau bei Salzburg«, »Gegend bei Aichen bei Salzburg«, »Der Watzmann bei Salzburg« und »Der Lattenberg bei Salzburg«. 1841 wurde er Professor an der Kunstakademie in Dresden. 1877 und auch noch später wurden seine Radierungen neu aufgelegt.

Rösel, Johann Gottlieb Samuel
(9. 10. 1768 Breslau – 8. 7. 1843 Potsdam)

Studium an der Berliner Akademie, seit 1794 Zeichenlehrer an der dortigen Bauschule, seit 1802 dort Professor. 1804/20 häufige Reisen nach Italien. Wohl auf der ersten Reise muß er auch nach Berchtesgaden gekommen sein, wo er 6 Vorlagen für eine Aquatintaserie schuf, die u. a. Gross und Stiebeler radierten. Die Blätter gibt es vor der Schrift, selten mit deutschen und meistens mit französischen Bildunterschriften:

1) Défilé de Schellenberg entre Hallein et Berchtesgaden.

2) Vue du Watzmann prise de la route de Berchtesgaden au lac St. Barthélemy.

3) Vue du Lac de St. Barthélemy.

4) Vue du Lac de St. Barthélemy à son extremité.

5) Chapelle de St. Jean et St. Paul à l'extremité du Lac St. Barthélemy.

6) gibt es mit zwei verschiedenen Bezeichnungen:
   a) Cascade de St. Barthélemy.
   b) Cascade de Dilliswand.

Die Kesselwand wurde damals auch Dilliswand genannt, weil der Münchner Maler und Galerieinspektor Cantius Dillis sie als erster gezeichnet hat.

Die Stiche erschienen in dem Buch: Francois-Gabriel de Bray, Voyage Pittoresque dans le Tyrol, aux salines de Salzbourg et de Reichenhall, et dans une Partie de la Bavière, welches 1806 in Berlin zum ersten Mal erschien und 1808, 1815 und 1825 in Paris neu aufgelegt wurde.

Rottmann, Leopold
(2. 10. 1812 Heidelberg — 26. 3. 1881 München)

Maler, Lithograph und Zeichenlehrer Ludwig II., Schüler von Jakob Roux in Heidelberg, seit 1830 in München tätig, ab 1834 öfters im Salzburger und Berchtesgadener Land, wo er zahlreiche Aquarellstudien malte. 1840 wird er Lehrer für Lithographie an der Münchener Akademie und ist in den Folgejahren an der Erstellung mehrerer Mappenwerke beteiligt. Im Auftrag Max II. schuf er um 1855 großformatige Aquarellzyklen von dessen Jagdgebieten.

Sandmann, Franz Joseph
(15. 12. 1805 Straßburg — 1856 Wien)

Aquarellmaler und Lithograph, seit 1841 in Wien ansässig, stellte eine Reihe von Lithographien von Berchtesgaden nach eigenen und fremden Vorlagen her.

Schiffer, Anton
(18. 8. 1811 Graz — 13. 6. 1876 Wien)

Landschaftsmaler und Lithograph, schuf drei kleine Lithographien von Berchtesgaden und dem Königssee.

Schlotterbeck, Wilhelm Friedrich
(23. 2. 1777 Härtingen/Schweiz — 6. 4. 1819 Wien)

Schüler von Chr. Mechel in Basel, anschließend am Chalkographischen Institut in Dessau, danach in Basel und Wien tätig. 1803 Reise ins Salzburgische, dessen Ausbeute die Aquatintaserie »Mahlerische Reise durch das Herzogthum Salzburg — Sechzig Ansichten aus dem Gebiete von Salzburg und Berchtesgaden« war, die von ihm radiert und bei T. Mollo, Wien verlegt wurde. Neben den abgebildeten, enthält die Serie noch folgende Berchtesgadener Ansichten: Untersberg, Berchtesgaden, Der Göll, Kesselbach 1. Ansicht, König-See und Ober-See.

Schrödl, Anton
(8. 6. 1823 Schwechat — 5. 7. 1906 Wien)

Maler, Lithograph und Stahlstecher, Schüler der Wiener Akademie, Reisen in die Alpen, nach Salzburg und Berchtesgaden. Stach die Abbildung auf Seite 75 und lithographierte eine Ansicht vom Hohen Göll.

Schroll, Wilhelm

Stahlstecher, stach nach Geißler das Blatt »Im Bayerischen Hochland bei Berchtesgaden«.

Steinicken, Christian
(gestorben 1896 in München)

Münchner Maler und Stahlstecher, fertigte um 1860 vier Ansichten des Berchtesgadener Bergwerks. Zu den drei abgebildeten Blättern gehört noch der Stich »Salzwassersee«.

Stiebeler, Carl

Zeichner und Aquatintaradierer, arbeitete in der 1. Hälfte des 19. Jahrhunderts in Berlin. Fertigte Aquatintablätter nach Rösel vom Königssee und der Kapelle St. Johann und Paul.

Strüdt, Johann Jakob
(1773 Tegernau/Wiesental — 7. 8. 1807 Friedelsheim)

Maler und Kupferstecher, Ausbildung in Basel und bei W. Kobell in Mannheim, wirkte in Mannheim und in Heidelberg. Reisen nach Salzburg, Tirol und Oberbayern. 1807 erschien bei D. Artaria in Mannheim seine Aquatintaserie: »Douze vues du Pays de Salzbourg« mit je einer Ansicht von Berchtesgaden, dem Königs- und dem Hintersee.

Stüdl, Johann

Großkaufmann aus Prag, Gründungsmitglied des Deutschen Alpenvereins, in Bergsteigerkreisen nur der »Glocknerherr« genannt, schrieb im Jahre 1871 »Karl Hofmanns gesammelte Schriften alpinen und vermischten Inhalts«. Er zeichnete die Vorlage zu der Lithographie von C. Bollmann: »Die mittlere Watzmannspitze und das Jagdschlößchen im Wimbachthale«.

T. v. V.

Monogramm eines Malers, der die Vorlage zu der Lithographie Rottmanns »Die Rosspoint mit dem Watzmann bei Berchtesgaden« zeichnete. Eventuell handelt es sich um den Landschaftsmaler Theodor van Veerssen.

Vesco, Ciprian
(1795/96 Sperna/Tirol — um 1835 Salzburg)

Marktfierant aus Wien. Bewarb sich nach dem Tod des Kunsthändlers Hacker in Salzburg um dessen Nachfolge. Er stand schon vorher mit ihm in geschäftlichen Beziehungen. 1830 erhielt er die Erlaubnis, eine Kunst-, Musikalien- und Schreibwarenhandlung in Salzburg zu führen. Er gab die nachgelassenen Kupferplatten von Hacker fortan mit neuer Verlagsadresse »Salzburg bey

C. Vesco« heraus. 1836 war er bereits verstorben, denn eine Landkarte von Salzburg ist bezeichnet: »bei Ciprian Vesco's sel. Witw. in Salzburg 1836«.

Viehbeck, Carl Ludwig Friedrich
(1769 Niederhausen — 18. 1. 1827 Wien)

Vedutenmaler und k.k. Hauptmann, gab 1818 das Buch »Die Gebirgsbewohner in Oberösterreich, Salzburg und Tirol« mit der Lithographie von Karl Mahnke »Eine Sennerin aus der Ramsau in Berchtesgaden« heraus, die Vorzeichnung dazu stammt von ihm. 1821 erschien sein Werk »Mahlerische Reise durch die schönsten Alpengegenden des Österreichischen Kaiserstaates«. Außer den beiden abgebildeten Ansichten (Seite 26 und 99) zeichnete er dafür auch die Vorlage für Gauermanns Umrißradierung »Der grosse Königs-See in Berchtesgaden«.

Wallée, Louis
(1773 Berlenburg — 12. 3. 1838 Salzburg)

Aquarellmaler, seit 1796 in Salzburg, malte 1798 im Auftrag des Stiftes Berchtesgaden einen »Stiftsprospekt und anliegenden Gegenden«. 1799 kündigte er im Salzburger Intelligenzblatt eine Ansichtsserie von Berchtesgaden an und lädt zur Subskription ein. 1810 schuf er eine Aquarellserie mit den Blättern »Berchtesgaden« und »Wachtturm« (Schellenberger Turm). Malte für Franz Güntherr zahlreiche Stichvorlagen, die bei Hacker (später bei Vesco) in Salzburg verlegt wurden. Er war der erste Künstler, der in Berchtesgaden »nach der Natur« zeichnete.

Wallner, Johann Nepomuk
(1. 3. 1767 Berchtesgaden — 21. 11. 1837 Berchtesgaden)

Holzwarenverleger, errichtet 1794 mit seinem Bruder, dem Pfarrer Severin Wallner, eine Anlage mit Ruhebänken und einer Klause bei Kessel, war von 1796 — 1801 Bürgermeister von Berchtesgaden, kaufte 1805 um 2400 Gulden Schloß Adelsheim und richtet hier eine Verkaufsausstellung ein. Er verlegte auch Druckerzeugnisse: 1825, Severin Wallner, Anweisung für Reisende durch Berchtesgaden, 3. Auflage. 1837, A. E. (A. Eisenberger), Der uneigennützige und sichere Wegweiser für Reisende in Berchtesgaden. Ferner mindestens 2 Lithographien von der Ramsau und vom Hintersee von Podesta nach Lanzlott.

Weinmann, Beda
(1819 — 1888)

Salzburger Zeichner, Aquatintastecher und Lithograph, schuf eine große Zahl von Berchtesgadener Ansichten, die bei Kasseroller, Oberer und Swatscheck in Salzburg erschienen. Spielte auch im gesellschaftlichen Leben Salzburgs als Gründer des Turnvereins und der Freiwilligen Feuerwehr eine Rolle.

Weissenhahn, Georg Michael
(1741 Schillingsfürst — 13. 3. 1795 München)

Kupferstecher und Buchillustrator, Schüler von Georg Sigmund Rösch in München, dort zum Kurfürstlichen Hof-Kupferstecher ernannt. Stach ein Porträt von Joseph Conrad von Schroffenberg nach Kuster.

Winkles, Henry

Englischer Stahlstecher in der 1. Hälfte des 19. Jahrhunderts, gründete 1823/24 mit Frommel in Karlsruhe die erste deutsche Stahlstichanstalt, ging 1832 nach London zurück und war später in Leipzig tätig. Stach nach J. Alt zwei Berchtesgadener Blätter: »Der Königssee« und »Klostergang in Berchtesgaden«.

Wolf, Franz
(1795 — 15. 10. 1859 Wien)

Maler und Lithograph, in Wien tätig, lithographierte um 1830 drei Berchtesgadener Ansichten nach Kunike.

Würthle, Friedrich
(1820 Konstanz — nach 1889 Salzburg)

Maler, Kupfer-/Stahlstecher und Lithograph, studierte bei Frommel in Karlsruhe, arbeitete seit 1840 in München und war seit 1860 Landschaftsfotograf in Salzburg. Lieferte mehrere Vorzeichnungen zu graphischen Blättern des Berchtesgadener Gebietes.

Zoller, Franz Karl
(19. 5. 1747 Klagenfurt — 18. 11. 1829 Innsbruck)

Zeichner und Radierer, 1768 Kupferstichlehre in Wien, anschließend Gehilfe bei Jakob Schmucker, 1785 Weginspektor im Unterinnthal, dann bei der k.k. Baudirektion in Innsbruck angestellt. 1809, Tirol gehörte damals zu Bayern, Oberbauinspektor in Brixen, 1810 nach München versetzt. Später wieder bei der k.k. Provincialdirektion in Innsbruck angestellt. Er gab das »Alphabetisch-topographische Verzeichnis sämtlicher Orte Tirols«, Innsbruck 1827 und die »Geschichte und Denkwürdigkeiten der Stadt Innsbruck und der umliegenden Gegend«, 2 Bände, Innsbruck 1816, 1825 heraus. Stach 1787 auch das Blatt »Der Wazmann in Berchtesgaden« nach Datz.

**Kurze Einführung
in die graphischen Techniken**

Die eigentliche Aufgabe der Graphik war, Bilder in gleichaussehenden Abdrucken zu vervielfältigen. Im Laufe der Jahrhunderte entwickelten sich verschiedene Techniken, die man grundsätzlich in Hoch-, Tief- und Flachdruckverfahren einteilt. Die gebräuchlichsten Methoden werden nachstehend kurz erläutert.

Die Hochdruckverfahren

Der Holzschnitt

Der Holzschnitt ist die älteste graphische Technik, sie wurde bereits um 1420 angewandt. Verfahren: In eine zwei bis zehn Zentimeter dicke, glattgeschliffene und mit Kreide grundierte Platte aus Nuß- oder Birnbaumholz wird die Zeichnung spiegelverkehrt aufgetragen und mit dem Messer alles, was nicht drucken soll, herausgeschnitten. So bleiben nur die Umrisse der Zeichnung erhöht stehen. Diese erhöhten Partien werden mit Druckerschwärze eingefärbt und auf einem leicht angefeuchteten Bogen Papier manuell oder mit einer Spindelpresse abgedruckt. Für jeden weiteren Abzug muß die Platte erneut eingefärbt werden.

Da beim Holzschnitt nur die hochstehenden Teile der Platte drucken, sprechen wir von einem Hochdruckverfahren.

Der bekannteste Berchtesgadener Holzschnitt ist die Karte des Stiftsgebietes von Johann Faistenauer aus dem Jahre 1628.

Der Holzstich

Im Gegensatz zum Holzschnitt verwendet man hier quer zur Faser geschnittenes, sogenanntes Hirnholz des Buchsbaumes und bearbeitet es mit einem Stichel, daher Holzstich. Das Verfahren ist ansonsten das gleiche wie beim Holzschnitt; auch hier drucken nur die erhaben stehengebliebenen Teile der Platte.

Obwohl der Holzstich bereits um 1770 in England entwickelt worden war, verbreitete er sich erst in der 2. Hälfte des 19. Jahrhunderts in Deutschland.

Flachdruckverfahren

Die Lithographie oder Steindruck

Durch Zufall fand Alois Senefelder aus München heraus, daß Solnhofer Kalksschiefer fetthaltige Farbe aufnimmt, diese aber an befeuchteten Stellen abstößt. Die Lithographie beruht also auf der Erkenntnis, daß Fett und Wasser keine Verbindung eingehen können.

Auf eine glattgeschliffene Kalkschieferplatte wird mit fetthaltiger Kreide (= Kreidelithographie) oder Tusche (= Federlithographie) die Zeichnung aufgetragen. Die nicht durch die Zeichnung bedeckten Stellen werden mit einer Lösung aus verdünnter Salpetersäure und Gummiarabikum wasseraufnahmefähig und fettabweisend gemacht. Der angefeuchtete Stein wird nun eingefärbt. Die Farbe haftet nur auf der Zeichnung, nicht auf der feuchten Restfläche. Mit leichtem Druck wird das Bild auf das Papier übertragen. Durch die geringe Beanspruchung lassen sich sehr hohe Auflagen herstellen.

Alle bis zum Jahre 1821 hergestellten Lithographien bezeichnen wir als Inkunabeln (= Wiegendrucke). Landschaftsansichten wurden oft mit einem leichten gelblichen Farbton überdruckt, solche Blätter bezeichnet man als Tonlithographien.

Die Tiefdruckverfahren

Der Kupferstich

Der Kupferstich entstand in der ersten Hälfte des 15. Jahrhunderts. Verfahren: In eine harthgehämmerte, sorgsam polierte Kupferplatte wird mit einem Grabstichel die Zeichnung spiegelverkehrt eingegraben. Da der Stichel nur geradeaus geführt werden kann, muß der Stecher bei jeder Wendung des Striches die Platte drehen. Dies geschieht mit Hilfe eines Lederballens, auf dem die Platte aufliegt. Durch den Stichel wird Kupfer beidseitig aus den Rillen herausgedrückt und bildet Erhebungen, die sogenannten Grate. Diese werden mit einem Schaber entfernt. Nach Beendigung des Stechvorgangs wird die Platte gründlich gereinigt, leicht erwärmt und mit Druckerschwärze eingefärbt. Nur die Rillen dürfen sich mit Farbe füllen, die restliche Platte muß sauber abgewischt werden. Auf die Platte wird ein Bogen angefeuchtetes Papier und darüber ein Filztuch gelegt und mit einer Presse so fest angedrückt, daß die Farbe aus den Rillen aufgenommen wird. Durch den hohen Druck prägen sich die Ränder der Kupferplatte auf dem Papier ab und bilden den für den Tiefdruck typischen Plattenrand.

Die Aquatinta

Sie ist das erste Verfahren, welches uns ermöglicht, eine flächige Wirkung zu erzielen. Zuerst wird die Platte wie bei der normalen Radierung behandelt und ein Probeabzug hergestellt. Alle Teile, die den strichförmigen Charakter behalten oder weiß bleiben sollen, werden nun mit Firnis abgedeckt, die restlichen mit feinem Kolophoniumpulver eingestäubt. Nun werden die Staubkörnchen durch leichtes Erwärmen angeschmolzen. Es folgen eine Reihe von Ätzungen. Nach jedem Ätzvorgang werden die Stellen, die den gewünschten Farbton erreicht haben, mit Lack abgedeckt. Je öfters man ätzt, desto dunkler werden diese Partien. Um die Harzkörnchen herum frißt die Säure kleine Ringe in das Kupfer, die immer weiter ineinanderschmelzen und nur in der Mitte kleine Pünktchen offenlassen. Mit bloßem Auge erscheint der Druck flächig. Die Platte wird wie beim Kupferstich eingefärbt und abgezogen.

Der Stahlstich

Eine durch Ausglühen enthärtete Stahlpatte kann entweder gestochen oder auch geätzt werden (Verfahren wie beim Kupferstich bzw. der Radierung). Die Härte des Materials erlaubt, die Linien wesentlich enger nebeneinanderzulegen. Die Platte ist nach dem Härten druckfertig. Sie nutzt sich auch kaum ab und dadurch kann man weitaus höhere Auflagen wie beim Kupferstich erzielen.

Die Radierung

Hier werden im Gegensatz zum Kupferstich die Rillen in die Platte nicht eingegraben, sondern mit einer Säure eingeätzt. Dazu überzieht man zuerst die Druckplatte mit einer dünnen, säurefesten Schicht aus Wachs, Asphalt oder Kolophonium, färbt sie mit Ruß oder Kreide und ritzt die Zeichnung mit einer Radiernadel seitenverkehrt durch die weiche Abdeckschicht. Nach Beendigung des Radiervorganges wird um den Rand der Platte ein Wachswall gebildet und in die so entstandene Vertiefung Säure gegossen. Diese frißt sich an den freigelegten Stellen ins Metall und übernimmt so die Arbeit des Grabstichels. Durch Abdecken einzelner Partien kann man den Ätzvorgang steuern, sodaß sich die Säure an bestimmten Stellen tiefer einfrißt und damit auch stärker und dunkler druckt. Nach Entfernen des Wachsmantels wird die Platte wie beim Kupferstich eingefärbt und abgezogen.

Abkürzungen auf alten Stichen

del.	delineavit	gezeichnet
exc.	excudit	ausgeführt
fc., fec.	fecit	gemacht
gez.		gezeichnet
lith.	lithographit	lithographiert
pinx.	pinxit	gemalt
rad.	radit	radiert, geätzt
sc.	sculpsit	gestochen

Literaturverzeichnis

Archive: Pfarrarchiv Berchtesgaden und Landesarchiv Salzburg (Kreisamt Fasc. 256, 257)

Alois Apell, Das Werk von Johann Christoph Erhard, Dresden 1866

Ausstellungskatalog, Münchner Landschaftsmalerei 1800 − 1850, München 1979

Peter Babendererde, Dekorative Graphik, Braunschweig 1968

Karl Bosl, Bayerische Biographie, Regensburg 1983

Nina Gockerell, Die Bayern in der Reiseliteratur um 1800, Ausstellungskatalog Wittelsbach und Bayern III/1, München 1980

Franz Hanser, Aus der Vergangenheit des Hauses Kaserer, Bergheimat 1940

A. Helm, Das Berchtesgadener Land im Wandel der Zeit, Reprint Berchtesgaden 1977

A. Helm, Die Literatur über das Berchtesgadener Land und seine Alpen, Berchtesgaden 1930

Hans Heyn, Süddeutsche Malerei, Rosenheim 1979

Hoff/Budde, Adrian Ludwig Richter, Freiburg im Breisgau 1922

C. Jahn, Das Werk von Johann Adam Klein, München 1863

Peter H. Köhl, Dekorative Graphik, München 1978

Angelika Marsch, Meyer's Universum, Lüneburg 1972

Franz Martin, Berchtesgaden, die Fürstpropstei der regulierten Chorherren, Augsburg 1923

Karl Erenbert von Moll, Oberdeutsche Beyträge zur Naturlehre und Oekonomie, Salzburg 1787

Nebehay/Wagner, Bibiliographie Altösterreichischer Ansichtenwerke, Graz 1982 − 1984

Heinrich Schwarz, Heinrich Reinholds Bericht über seine Reise nach Salzburg, Sommer 1818. Mitteilungen der Gesellschaft für Salzburger Landeskunde, 1927.

Heinrich Schwarz, Johann Adam Klein in Salzburg (1818). Mitteilungen der Gesellschaft für Salzburger Landeskunde, 1956.

Heinrich Schwarz, Salzburg und das Salzkammergut, 4. Auflage, Salzburg 1977

Walter Spiegl, Dekorative Graphik, München 1980

Thieme/Becker, Allgemeines Lexikon der bildenden Künstler von der Antike bis zur Gegenwart, Leipzig 1907 − 1950

Konstantin von Wurzbach, Biographisches Lexikon des Kaiserstaates Österreich, Wien 1856 bis 1891

Bildnachweis

Heimatmuseum Berchtesgaden
Seite 6, 7 oben, 14, 19, 21 – 25, 29, 31 – 33, 35, 38, 40 – 42, 47, 48, 51 – 54, 57, 58, 60, 61, 66, 68, 70, 72, 74, 76, 79, 82, 84, 85, 90, 91, 93 – 95

Abele
Seite 34

Sammlung B.:
Seite 15, 39, 43, 46, 49, 62, 64, 73, 83, 86

Essler
Seite 13, 63, 88

Fegg
Seite 36, 56, 87

Knoglinger
Seite 26, 99

Kunsthandlung Malerwinkl
Seite 65, 80, 81

Dr. Reinbold
Seite 30, 55, 59, 75

Salzburger Museum C. A.
Seite 18, 71

Scheidsach
Seite 67

Schelle
Seite 44, 45, 77

Spiegel-Schmidt
Seite 7 unten, 16, 17, 20, 27, 28, 37, 69, 78, 89, 92, 96, 98

Ziegeltrum
Seite 12, 50, 97